공감과 소통에 서툰 아빠들을 위하여

딸에겐 아빠가 필요한 순간이 있다

김영태 지음

한울림

딸들에게 보내는 편지

환희, 빛이, 사랑이에게

고요한 새벽
아빠는 여느 날과 다름없이 글을 쓰고 있어.
그렇지만 오늘은 좀 특별해. 왜냐고?
사랑하는 우리 딸들에게 편지를 쓰고 있기 때문이지.
우리 딸들에게 할 말을 정리하면서 정말 오랜만에
너희들이 자는 모습을 문가에 서서 넌지시 바라봤어.
불과 몇 시간 전에 본 얼굴인데도, 너무 보고 싶더라.
새근새근 자는 모습이 사랑스러우면서도
한편으론 짠했어.

아빠는 항상 바빴잖아.
집에 늦게 돌아오는 날이 잦아 얼굴 한 번 못 보고

지나간 날도 있었고, 주말에도 출장이다 뭐다 해서
우리 딸들과 많은 시간을 보내지 못했지.
'아빠, 나랑 놀아요!'라고 조르는 말에
'다음에'라고 대답할 때마다
너무 미안했고, 항상 마음에 걸렸어.
그런데 얼마 전에 너희가 이런 말을 했잖아.
틈틈이 보낸 아빠와의 시간이 참 좋았다고.
그 말을 듣고 얼마나 고맙고, 뿌듯했는지 몰라.
부족한 시간에도 어떻게든 우리 딸들과
좋은 추억을 만들기 위해 노력했는데
그 노력이 헛되지 않은 것 같아서 말이야.

너희들을 키우면서 가장 많이 들었던 말이 뭔지 아니?
아이가 셋, 그것도 딸만 셋인데 힘들지 않냐는 말이었어.
그럴 때마다
'애는 돈으로 키우는 게 아니라, 사랑으로 키우는 거야!'
큰소리쳤지만, 사실 아빠가
그렇게 믿고 싶었는지도 모르겠다.
하고 싶은 거, 먹고 싶은 거, 놀고 싶은 거

다 들어주고 싶은 게 아빠의 마음이지만
그렇게 해주진 못했어.
혹여 그럴 만한 여건이 됐어도
원하는 걸 전부 들어주진 않았을 같다.
왜냐하면, 아빠는 우리 딸들이 항상 감사하는 마음으로
살아가길 바라거든.
그렇게 자라게 해달라고 매일 기도도 드렸지.
기도 덕분인지, 아빠의 간절한 마음이
통했는지는 몰라도 작은 것에도 행복해하는
사람으로 자라줘서 고맙다.
그리고 서툰 아빠를 이해해주고,
믿어줘서 정말 고맙다.

마지막으로 고백할 게 하나 있어.
아빠는 말이야,
이 세상 어떤 수식어보다
환희, 빛이, 사랑이 아빠라는 말이 제일 좋단다.

                    세 딸들 덕분에 언제나 든든한 아빠가

차례

딸들에게 보내는 편지   3

1장
아무리 바빠도 아빠 노릇은 해야지

뭣이 중헌디?   11
한 놈만 팬다   20
꾸준한 약속의 힘   27
혼자서도 잘해요   35
등잔 밑만 어두운 게 아니다   43
때가 되면?   51
오케이! 한 번 더!   61
아빠가 좋아할 만한   71

2장
오늘도 아빠는 아이에게서 배운다

간섭이냐? 관심이냐?   79
행주사건   87
마음 저울 균형 잡기   93
나에게 거는 주문   100
악마가 쒼 흑역사   107
잘한다 잘한다 하면 정말 잘한다   117
아쉬움은 털어내고   123

3장
소통과 공감의 힘을 믿는 아빠의 육아 원칙

때로는 아빠가 때로는 엄마가	131
새끼손가락 걸고, 꼭꼭 약속해	143
목마를 때 주는 물	148
그래서 진짜 꿈이 뭐야?	157
될 성싶은 나무	162
좋은 친구 먼저 되기	170
행동의 이유	175
누를수록 튕겨 올라가는 공	181

1장

아무리 바빠도
아빠 노릇은 해야지

뭣이 중헌디?

곰 한 마리, 곰 두 마리, 곰 세 마리….

뭐냐고? 사회생활을 하다 보면, 알게 모르게 어깨에 들러붙는 녀석들이다. 야근과 출장 그리고 회식이나 기타 모임 등을 거침없이 소화하는 동안, 한 놈씩 들러붙는다. 처음에는 새끼 곰이었는데, 시간이 갈수록 점점 몸집이 커진다. 오랜 시간 이 무거운 곰들이 떨어져 나가지 않은 상태를 일컫는 말이 있으니, 바쁜 현대인이라면 누구나 겪는다는 고질병 만성피로증후군이다.

내가 한창 실무를 할 때도 그랬다.
야근과 출장을 밥 먹듯이 하던 그때, 어떻게 알았는지

달력을 빼곡히 채운 일정 사이로 어쩌다 빈 시간이 생길라치면, 귀신같이 저녁 모임이 생겼다. 그 모임이 일과 관련된 것이라면, 개인적인 약속은 뒤로 밀렸다. 아내와 약속한 게 있어도 모임을 잡을 때면 아무런 일정도 없다는 거짓말이 반사적으로 튀어나왔다.

이미 일을 저지른 후니, 뒷감당이 두려워도 어쩔 수 없는 일. 해결책은 하나밖에 없었다. 공손히 전화기를 붙들고, 아내에게 약속을 지킬 수 없는 이유를 구구절절 호소할 수밖에. 왜 그렇게 살았냐고? 남들보다 일 욕심이 많아서도 아니고, 탁월하게 일을 잘해서도 아니었다. 그냥 일할 사람이 나밖에 없었다. 한 사람이 서너 사람 몫을 해내야 했기에 혼자서 동분서주할 수밖에 없는 상황이었다.

그래서 어쩌다 정시에 퇴근하는 날이면 집에서 밥을 먹었다. 주말에도 출장이다 모임이다 늘 바빴기에, 그런 날이라도 일찍 집에 들어가야 한다는 의무감 아닌 의무감 때문이었다. 집에 일찍 들어간다고 아이들과 신나게 놀아주거나 아내와 오붓한 시간을 보내는 것도 아니었는데 말이다.

어느 날 저녁이었다. 퇴근이 늦었던 탓에 혼자서 밥을

먹고 있는데, 초등학교 저학년이던 둘째 딸이 조잘조잘 말을 걸어왔다. 친구하고 나눈 얘기부터 오늘은 뭘 먹고, 뭘 하고 놀았는지, 그날 있었던 일을 하나부터 열까지 늘어놓았다. 한참 떠들던 아이가 무심히 대꾸만 하던 내게 불쑥 물었다.

"아빠, 아빠! 밥 다 먹고 뭐해요?"

건성으로 듣고 있다가 불길한 예감에 고개를 들었다.

"나랑 놀아요, 아빠. 예?"

똘망똘망한 두 눈이 나를 쳐다보고 있었다. 그 눈을 보고, "나중에!"라는 말이 쉬이 나오지 않았다. 머릿속에 떠오른 수백 가지 변명 중에서 아이가 마음 상하지 않을 말을 찾았다. 뭐, 좀 놀아줄 수도 있지만, 주중 주말 연이은 출장과 야근으로 얼른 밥 먹고 일찍 자야겠다는 일념으로 들어온 날이었다. 어깨에 달라붙은 곰들이 날 짓누르고 있었다.

주말 출장에서 돌아오는 날이면, 아내가 아이들을 막아줬다. "아빠 피곤하시니까 쉬게 해드리자."라는 말과 함께 문을 닫으면 상황 종료! 바람 빠진 풍선처럼 축 처져서 돌아서는 아이들의 모습이 안쓰러웠지만, 일단 내가 살아야겠다는 생각에 눈을 감았다.

어깨에 달라붙은 곰들로 신경이 날카로워져 있다는 느낌이 들 때면 바로 집으로 가는 걸 피했다. 예민한 신경이 아이들에게 고스란히 전달된다는 걸 느꼈을 때부터였다. 만사가 귀찮은데 아이들까지 달라붙으면, 내 의지로 짜증을 참기 힘들었다. 그럴 땐 조금이라도 곰의 무게를 덜어내고 집에 가야 했다.

내가 찾은 방법은 사우나였다. 한 시간 정도 땀을 빼고 나면 곰들이 알아서 어깨에서 기어 내려갔다. 한두 시간 일찍 들어가는 것보다 조금이나마 가벼운 상태로 들어가는 게 더 현명하다는 걸 몇 번의 쓰린 경험으로 깨달았다. 곰들을 떼놓고 들어가는 날은 아이들을 부르는 목소리부터 달라졌다. 하지만 지금은 평일이었다. 그것도 늦은 시간.

"지금? 오늘은 아빠가 많이 피곤한데, 다음에 더 많이 놀까?"

"칫!"

아이는 아쉬움과 불만 섞인 표정으로 소파로 터벅터벅

걸어갔다. 그 모습이 짠하긴 했지만, 어쩔 수 없었다. 다음 날 일정도 아침부터 빡빡했으니.

미안한 마음을 누르고, 다시 숟가락을 들었다. 밥이 중간 정도 줄어들었을 때, 핸드폰에서 알람 소리가 났다. 확인해 보니, 시스템 업데이트 안내였다. 별생각 없이 손가락으로 업데이트 버튼을 눌렀다.

"아빠, 뭐 하는 거예요?"

아빠의 일거수일투족을 항상 궁금해하는 둘째가 다시 식탁으로 달려와서 물었다.

"어? 핸드폰 업데이트하는 거야."

"핸드폰 업데이트? 그게 뭐예요?"

"업데이트? 글쎄, 뭐라고 해야지? 새로운 기능을 추가하는 거야."

"기능이 뭔데요?"

"기능? 핸드폰에 깔린 것 있잖아. 핸드폰을 쓰려면 필요한 것들…."

순간 이러다 잘못하면, 핸드폰에 까는 앱 이름부터 언제, 어떻게 사용하는지 꼬리에 꼬리를 무는 질문이 이어질 거란 불안감이 엄습했다. 그 나이대 아이들이 다 그렇지만 둘째는 유달리 심했다. 그렇게 물어보는 이유가 정말 몰라서 그런 것도 있지만, 아빠랑 얘기하고 싶은 마음에 그랬다는 걸 나중에야 알았다. 아무튼, 빠른 마무리가 필요했다.

"가서 놀래?"
"근데 업데이트는 왜 해요?"
"업데이트 하라고 하니까."

그렇게 대답을 하고, 마저 식사하기 위해 숟가락을 든 순간 싸늘한 분위기가 느껴졌다. '그러고 보니, 반응이 늦은 아이가 아닌데, 왜 대답이 없지?'라는 생각에 고개를 들었다. 아이의 입이 오리 입처럼 툭 튀어나와 있었다. 그 입에서 억울한 목소리가 흘러나왔다.

"내 말은 안 들어주고. 핸드폰 말은 들어주고…."

아이의 말에 정수리에서 시작한 찌릿한 느낌이 등골을 타고 흘러내렸다. 뭔가 대단히 잘못했다는 느낌이 들었다. 차라리 신경질이라도 냈으면 나았을 텐데, 저리 맥빠진 목소리라니. 아이의 실망감이 생각보다 크다는 사실에 당혹스러웠다.

자기랑 놀아달라는 말은 안 들어주면서, 업데이트 하라

는 핸드폰의 말은 잘 들어주는 아빠. 아이의 눈으로 보니, 내가 나빴다. 모든 것을 곰 탓으로 돌리며, 아이를 무심히 대하는 걸 정당화하고 있었다.

 며칠 뒤 퇴근길 버스에서 창밖을 보는데, 제법 굵은 눈송이가 날렸다. 낭만적인 풍경이지만, 버스를 타고 출퇴근을 하는 사람들에게는 '헉' 소리가 절로 나오는 풍경이다. 나 역시 다음 날 출근길 걱정으로 마음이 불편해지기 시작했다. 내일 몇 시에 나와야 지각을 안 할까, 어떻게 가야 시간을 단축할 수 있을까. 막히는 차 안에서 오만가지 시뮬레이션을 돌리고 또 돌렸다.
 평소보다 한 시간이나 더 걸려서 아파트에 도착했다. 입구부터 아이들이 좋다고 눈덩이를 굴리고 있었다. '좋을 때다.' 하고 아이들을 쓱 쳐다본 뒤 집으로 들어갔는데, 어째 집안 분위기가 어수선했다. 둘째와 막내가 들뜬 모습으로 장갑을 찾고 있었다. 둘째가 현관에 서 있는 나를 발견하고 같이 나가자며 옷소매를 끌어당겼다.

 내일 출근길 걱정이 태산인데, 나가서 놀자고?

"너희들끼리 가서 놀아."라고 말하려는 찰나 며칠 전 핸드폰 말만 잘 들어준다고 서운해하던 둘째 아이의 투덜거림이 떠올랐다. 아이에게 무심코 상처 주는 행동은 하지 않기로 해놓고, 똑같은 잘못을 반복하려 하다니! 불편한 마음은 잠시 한쪽에 몰아놓고, 두 딸의 손을 잡고 밖으로 나갔다.

아이들과 눈을 맞으며 놀다 보니, '에라, 모르겠다. 지금 걱정한다고 뭐가 달라지는 것도 아니고.'라는 생각이 들면서 마음이 점점 가벼워지기 시작했다. 어느 순간부터 '출근길? 그게 뭣이 중헌디?'라는 마음으로 아이들보다 내가 더 신나게 눈을 굴리고, 뭉치고, 뛰어다니고 있었다.

코가 새빨개질 때까지 아이들과 신나게 놀고 집으로 들어왔다. 아이들은 흥분이 가시지 않은 목소리로 엄마에게 아빠랑 뭐하고 놀았는지 하나도 빠짐없이 브리핑하기 시작했다. 너무 재밌었다고, 아빠랑 또 놀고 싶다고 재잘재잘 떠들었다. 긴 시간을 놀아준 것도 아닌데, 좋은 아빠 포인트를 더블 적립한 느낌이랄까? 두 딸에게 점수를 땄다는 기쁨에 어느새 퇴근길 답답했던 마음도 사라져 있었다.

그래서 아이와 잘 놀아주는 아빠로 바꿨냐고? 그러면 좋겠지만, 사람이 변하는 게 어디 쉬운가. 단지 두 사건을 겪으며 확실히 변화한 모습이라면, 격하게 아무것도 안 하고 싶을 때라도 아이들이 말하는 걸 그냥 지나치지 않는다는 거다.

얼큰하게 술에 취한 날에도 아이들이 음료수가 마시고 싶다고 하면, 귀찮은 마음을 누르고 밖에 나가 음료수를 사 온다. 크진 않지만 할 수 있는 노력을 조금씩 하면서, 핸드폰 말만 들어주는 아빠에서 애들 말도 잘 들어주는 아빠로 변해가는 중이다.

소소한 말이라도 그냥 흘려듣지 않기.

무심한 아빠와 그렇지 않은 아빠는 그 한 끗 차이로 달라지는 게 아닐까?

한 놈만 팬다

"나는 한 놈만 팬다."

영화 〈주유소 습격사건〉에 나오는 대사다. 오래된 영화지만, 재미있는 말이라 지금도 가끔 써먹는다.

여러 명을 통제해야 할 때, 그들을 일일이 신경 쓰기보다는 한 명을 집중적으로 공략하는 게 더 효과적일 때가 있다. 전쟁 중인 군대를 보라. 군법을 어긴 사람의 목을 가차 없이 날린다거나 엄벌로 다스리지 않는가. 한 사람을 본보기로 삼아 나머지를 손쉽게 통제하기 위해서다. 그런데 한 놈만 패야 하는 상황은, 시간이 없는 아빠에게도 해당한다. 이게 무슨 소리냐고?

한 놈만 팬다는 말은, 곧 집중한다는 의미다. 시간이 없는 아빠에게 이 한 놈은 시간이다. 시간이 없는 아빠일수록 시간에 집중해야 한다. 뭔 말장난인가 싶지만, 간단한 이치다. 나처럼 일복이 터졌거나 상황이 여의치 않아 아이와 함께 할 시간이 절대적으로 부족한 경우, 요즘 말로 가성비를 따져야 한다는 말이다.

없는 기간을 쪼개고 쪼개 아이와 놀아주는 것. 아빠라면 응당 해야 할 일이고, 힘들다고 해서 마냥 미뤄도 되는 일이 아니다. 그러나 체력과 마음이 고갈된 상태에서 아이와 잘 놀아주기란 현실적으로 어렵다. 꾹 참고 놀아주다 뭐가 하나 거슬려서 아이에게 폭발한다면? 그때야말로 수습 불가다.

딸들에게 아빠가 가장 필요한 시기에 난 참 바쁜 아빠였다. 안타까운 마음과 달리 아이와 놀아줄 시간도, 그럴 체력도 없었다. 그렇다고 현실에 쫓겨 아빠랑 놀기를 원하는 아이들을 맨날 나 몰라라 할 수는 없는 노릇. 바쁜 아빠의 숙명이랄까? 어떻게 하면 아이들과 함께 하는 시간을 알차게 보낼 수 있을지 고민하기 시작했다.

어떻게 시간을 쓰냐에 따라 한 시간만 놀아줘도 열 시

간 놀아준 것 같은 효과가 날 수도 있고, 그 반대의 결과가 나타날 수도 있다. 지금부터 세 딸을 키우며 얻은 노하우를 공개할 테니 집중하시라. 두 가지 원칙만 기억하면 된다.

첫 번째 원칙: 주요 행사는 절대 빠지지 말자!

유치원에서 운동회를 할 때, 대개 유아체육 전문업체나 이벤트 업체에 맡긴다. 자체적으로 행사를 치를 여력이 안 되거니와 부모까지 초대해서 치르는 운동회는 연말 발표회 다음으로 유치원을 홍보할 좋은 기회가 되기 때문이다. 이런 행사는 아이들이 매일 유치원에서 어떻게 지내는지 알 길이 없는 부모, 특히 아빠들에게 유치원을 어필할 수 있는 절호의 기회가 된다.

내가 살면서 잘했다고 생각하는 게 몇 가지 있는데, 그중 하나가 유아체육 강사 경험이다. 5년 정도 강사로, 직원으로, 팀장으로 일한 경험이 있다. 한마디로 유치원 행사에 대해 좀 안다는 말이다. 유치원 행사에서 진행자가 가장 먼저 하는 말이 뭔지 아는가? 여기서도 '한 놈만 팬다'는 원리가 적용된다. 생각해 보라! 원생이 50명이라고 치면, 부모에, 이참에 가족 모임을 하려는지 할아버지 할머니는 물론,

이모 삼촌 고모에 동네 사람까지 데려오는 사람도 있다. 어림잡아도 150명 이상은 모인다는 말이다.

이 많은 사람을 진행자는 어떻게 통제할까? 답은 이미 나와 있다. 한 사람을 집중적으로 공략하면 된다. 이때 중요한 건 공략할 사람을 잘 골라야 한다는 거다. 잘못 고르면, 행사 내내 피곤해진다. 진행자의 말에 호응을 잘해줄 것 같은 사람이나 행사에 온몸을 불사를 것 같은 사람을 물색해야 한다. 막말로 한 놈만 잘 고르면, 그날 행사의 절반은 성공했다고 봐도 무방하다.

그렇다면 그 한 놈은 어떻게 고를까? 여기에도 그들만의 방식이 있다. 보통 연말 발표회는 모두 자리에 앉아 있다. 아주 다소곳이. 그래서 누구를 뽑아야 할지 헷갈린다. 그럴 때 사용하는 방법이 사전 퀴즈다. 분위기를 띄우는 데도 좋지만, 한 놈을 물색하기에 이만한 방법도 없다. 문제를 낸 뒤 손짓 발짓을 하며 득달같이 달려드는 사람을 선택하면 되니까.

그렇다면 운동회는? 더 찾기 쉽다. 행사 시작 전 몸풀기 운동 때 유심히 살펴보면 꼭 튀는 사람이 있다. 아주 잘 하거나 못해도 열심히 하는 사람. 그런 사람을 고른다.

첫째가 일곱 살 때, 아빠로선 처음으로 운동회에 참석했다. 운동장에 들어가자마자 진행자부터 찾았다. 그가 고를 한 놈이 내가 되어야 했기 때문이다. 진행자를 예의주시하고 있다가 몸풀기 시간에 열심히 움직였다. 당연히 진행자의 눈에 띌 수밖에. 단박에 응원단장으로 뽑혔다.

내가 응원단장으로 뽑히자 아이들의 시선이 모두 첫째에게 쏠렸다. 친구들이 좋겠다고 말하면서 부러워하니, 첫째는 몸을 배배 꼬긴 했지만, 얼굴에선 웃음이 떠나지 않았다. 그날 난 말 그대로 온몸을 불살랐다. 얼굴이 화끈거리긴 했지만, 어쩌랴. 물리적으로는 단 하루의 시간이지만, 그날의 추억은 아이의 머릿속에 오래 남을 것이 분명했다. 이보다 가성비 좋은 방법이 또 있을까?

두 번째 원칙: 틈새 시간을 공략하라!

틈새 시간은 말 그대로 계획을 잡고 놀기로 마음먹은 시간이 아니라, 본의 아니게 생긴 시간이다. 여기에 의미를 하나 더 얹자면 우연히 맞아떨어진 시간이라고 할 수 있다. 떡 본 김에 제사 지낸다는 속담처럼 의도하진 않았지만, 기회가 된 시간이라고 할까?

내가 틈새 시간을 활용하는 대표적인 사례는, 재활용 쓰레기를 버릴 때다. 수거일이면 아이들을 데리고 쓰레기를 버리러 나간다. 쓰레기를 버린 뒤 꼭 놀이터에 들른다. 놀이기구가 많은 건 아닌데, 아이들이 그네 타는 걸 워낙 좋아한다. 그냥 타기도 하고, 빙글빙글 돌아 줄을 꼬았다가 다리를 들면 풀리면서 돌아가는, 일명 꽈배기 놀이도 하면서 잘 논다. 아이스크림 내기가 걸린 신발 던지기는 그날의 하이라이트로 절대 빠질 수 없다. 그렇게 30~40분 놀고 나면, 온종일 재미있게 논 것처럼 즐거워한다.

우연히 상황이 맞아떨어져 덕을 본 일도 있다. 첫째가 초등학생 3학년 때, 배드민턴을 할 줄 모른다고 걱정하기에 아빠가 가르쳐 주겠노라 호기롭게 나섰다. 언제가 좋을지 생각하다 아침 운동을 하는 시간에 같이 배드민턴을 치기로 했다.

다행히 아침잠이 많지 않은 아이라 새벽 6시부터 매일 40분 정도 배드민턴을 쳤다. 그걸 본 둘째가 아빠랑 언니가 아침마다 같이 나가는 게 부러웠던지, 어느 날부턴가 우리를 따라 나왔다. 깨우지 않아도 알아서 일어나 쫓아 나오는 둘째가 어찌나 신기하고 귀엽던지.

그렇게 아이들이 잠든 뒤에나 집에 들어가느라 아이들과 자주 놀아주지 못하는 미안함과 아쉬움을 새벽 잠깐의 시간으로 달랬다. 운동을 하면서 두 딸과 이런저런 얘기도 나눌 수 있어 더 소중한 시간이었다.

만약 아이가 아침에 일어나는 걸 힘들어하지 않는다면, 이른 아침에 같이 운동을 하는 걸 적극 추천한다. 몸도 건강해지고, 아이와 좋은 추억도 만들 수 있어 일거양득이니까. 가볍게 산책하는 것도 좋다. 단 10분이라도 괜찮다. 별거 아닌 것처럼 보여도 그 짧은 시간이 큰 힘을 발휘한다.

그러니 아이와 함께 보낼 수 있는 틈새 시간을 그냥 흘려보내지 말기를 바란다. 일상을 공유하면서 이런저런 얘기를 나누는 시간이 쌓이고 쌓여 아이와 아빠 사이에 보이지 않는, 질기고 단단한 연결 고리가 생기니 말이다.

꾸준한 약속의 힘

"배꼽 손, 아빠! 다녀오세요~"

아침이면 낭랑하게 울려 퍼지던 떼창 소리가 그립다.

첫째가 고등학생이 되고 둘째가 중학생이 되면서 아이들의 기상 시간이 늦어지기 시작했다. 출근 시간에 깨어있던 아이들이, 언젠가부터 꿈나라에서 돌아오지 못하고 있다. 아내도 덩달아 동참 중이다. 그러고 보니 나만 아침형(이 되기 위해 노력하는) 인간이고, 우리 집 여인들은 저녁형(에 이미 흠뻑 빠져 있는) 인간이다.

"안 맞아도 너~무 안 맞아!" 휴일 전날 일찍 자려고 방에 들어가는 내 등 뒤로 아내가 외치는 소리다. 나와 달리 아내는 밤늦은 시간에 영화 보는 걸 좋아한다.

아이들이 어렸을 때부터 우리 집에는 특별한 아침 풍경이 있었다. 출근하는 아빠를 배웅하는 세 딸의 인사. 우리는 이것을 '출근 의식'이라 불렀다.

내가 출근 준비를 마치고 현관 앞에 서면, 아이들이 졸린 눈을 비벼가며 부지런히 줄을 섰다. 먼저 인사하고 싶어서 맨 앞에 서겠다며 서로 다투기도 하고, 제 뜻대로 되지 않으면 서럽게 울기도 했다. 아침 댓바람부터 눈물을 짜는 일이 벌어지자, 안 되겠다 싶어 순서까지 정했다.

오늘은 첫째가 내일은 둘째가 그다음 날은 셋째가 앞에 서는 식이었다. 맨 처음에 섰으면, 다음날은 맨 뒤로 갔다. 그렇게 몇 번의 의식을 치르고 나니, 나중에는 자기들끼리 알아서 줄을 섰다. 비몽사몽인지 기억이 안 나서인지는 모르지만, 자기 자리가 어딘지 모르고 왔다 갔다 하면, "너 맨 뒤잖아!" 하고 알려주기도 했다.

줄을 다 서면, 의식이 시작됐다.

"배꼽 손, 아빠! 다녀오세요~"

배꼽 손을 하고 허리를 굽혀 인사를 했다. 기본이 90도였고, 유연성이 좋은 아이들이라 그런지 머리카락이 바닥에 닿을 정도로 꾸벅 절을 했다. 인사가 끝난 아이를 번쩍 들어 올리면, 기다렸다는 듯이 내 입에 뽀뽀를 했다. 그러면 나도 아이의 양 볼에 뽀뽀를 돌려줬다. 같은 동작을 세 번 반복하고 나서야 의식은 끝이 났다.

정확하게 기억나진 않지만, 출근 의식은 첫째가 걸을 때 즈음 시작되었다. 혼자 하다가 둘째, 셋째가 생기면서 한 명씩 인원이 추가되었다. 아기 때는 아내가 안고 있다가 내게 넘겨주면, 볼 뽀뽀를 하는 것으로 인사를 대신했다.

그랬던 것이 요즘은 출근 의식은커녕 아침에 얼굴 보기도 힘들어졌다. 그나마 다행인 건 저녁에 퇴근하고 집에 들어가면, "아빠, 다녀오셨어요?"라는 인사와 함께 아이들이 스스럼없이 내 품에 안긴다는 것이다. 고등학생이 된 첫째도 안겨 오긴 하는데, 주로 어깨 쪽이나 등 쪽을 들이민다. 멋쩍다는 의미다. 아쉽지만 이게 어딘가! 그래도 조금 욕심 나는 마음에 '똑바로'라고 말하면, 못 이기는 척 방향을 돌려 다시 안긴다.

첫째가 초등학교 5학년 때의 일이다. 아이와 놀아주다 예쁜 마음이 불쑥 올라와 뽀뽀를 하려는데, 첫째가 기겁을 하며 날 밀어냈다. 당황스러운 마음에 아이에게 물었다.

"아빠랑 뽀뽀하기 싫어? 아빠가 출근할 때는 맨날 뽀뽀하잖아."

"그때는… 해야 하니까요…."

첫째가 대답을 하며 말끝을 흐렸다.

왜 아침에는 되고, 지금은 안 되는지 아이도 그 이유를 잘 모르는 듯했다. 아니면 당황한 기색이 역력한 아빠가 마음에 걸려서 그렇게 대답했을지도. 잠시 뻘쭘한 공기가 흘렀고, 분위기 전환 차원에서 아이들이 놀고 있는 자리에서 잠시 벗어났다.

지금은 거부감이 드는 뽀뽀가 왜 아침에는 괜찮을까 생각해 보니, 아이에게 아침 뽀뽀는 습관이었다. 좋고 싫음을 떠나 당연히 해야 하는 습관. 아침에 일어나 양치하고 세수하는 것처럼, 아이는 아침 뽀뽀를 당연한 행동으로 인식하고 있었다.

첫째가 중학생이 되고부터는 아이의 의견을 존중해 뽀뽀를 포옹으로 바꿨다. 스킨십은 줄었지만, 대화는 오히려 늘었다. 원래부터 스스럼없이 대화했고, 요즘 들어 같은 취미를 공유하다 보니 말이 더 잘 통하는 느낌이랄까. 첫째도 나도 야구를 좋아해서, 종종 야구장에 함께 간다. 좋아하는 게 같다 보니, 아무래도 이야깃거리가 많다. 야구 이야기로 시작했다가 현재 고민하는 문제나 조언이 필요한 문제로 대화 주제가 옮겨가기도 한다.

다른 집도 이런 풍경이 자연스러울까? 물론 서로의 체온을 나누는 인사가 익숙한 가정도 있겠지만, 그렇지 않은 집이 더 많은 것 같다. 내 주변 아빠들의 이야기를 들어보면 그렇다. 가끔 아이들이 화제로 오를 때 은연중에 묻어나는 이야기로 짐작건대, 아이가 아주 어릴 때면 모를까 사춘기 자녀와 스킨십은커녕 대화하는 것도 힘들다고 하소연하는 걸 보면 말이다.

내 생각에 한참 예민한 사춘기 딸과 포옹을 하고, 편하게 대화를 할 수 있는 건 아이가 어릴 때부터 지켜온 가족 루틴 덕분이다. 어렸을 때부터 꾸준히 해온 습관이 밑바탕에 깔려 있으면, 커서도 아빠와의 관계가 어색해지지 않는다. 그래서 결혼하는 후배나 막 아이가 태어난 지인들에게 아이가 어렸을 때부터 꼭 가족 루틴을 만들고 함께하라고 말해준다.

아이가 이미 컸으면 어떻게 하냐고? 그럴 땐 자녀와 함께 할 수 있는 취미를 만들거나, 아이가 좋아하는 음식을 같이 먹는 걸 추천한다.

우리 가족의 공통된 취미는 캠핑이다. 낯선 야외 공간이 주는 힘인지는 몰라도 캠핑을 하면 진솔한 대화의 장이 열린다. 밤에 모닥불을 피워놓고 불멍을 하며 두런두런 이야기를 나누다 보면 마음속에 담아놨던 이야기가 터져 나온다. 분위기가 그렇게 흘러간다. 마음의 봉인이 풀려서 평소에는 입을 떼기 어려운 이야기도 술술 나온다. 그동안 말하지 않아 알지 못했던 속마음을 듣고 나면 서로를 더 잘 이해하게 된다.

가족회의 시간도 마찬가지다. 우리 가족은 월 1회 가족회의를 한다. 격식을 따지는 자리가 아니라 주로 저녁을 먹으면서 자유롭게 이야기한다. 뭔가 제안하고 싶은 것이 있으면, 미리 가족 톡방에 올려 생각할 시간을 갖는다.

난 서기 담당이다. 공식적인 직함이라기보다는, 회의 내용이 그냥 떠내려가 버리는 게 아까워 메모장에 기록하기 시작한 것이 지금까지 이어졌다. 지난 회의록을 들쳐 보니 다양한 주제로 이야기를 나눈 흔적이 보였다. 가족 모두 야식을 좋아하다 보니, 9시 이후에는 음식 먹는 걸 자제하자는 내용도 있었고, 대청소가 주제인 날도 있었다. 날짜 선정과 각자 어느 구역을 담당할지가 적혀 있었다. 가장 치열했던 주제는 핸드폰 사용에 관한 회의였다.

아이들이 커서 셋 다 핸드폰을 갖다 보니, 문제가 생겼다. 새벽까지 잠도 안 자고 핸드폰만 들여다봤기 때문이다. 핸드폰 때문에 언성이 높아지는 일이 반복되자 긴급회의가 열렸다. 취침 시간을 11시로 정하고, 그 시간이 되면 핸드폰을 반납하자는 의견과 각자 원하는 요일에 자유시간을 달라는 의견 등이 나왔다. 단, 자유시간에는 그 어떤 제약 없이 자유롭게 핸드폰을 쓸 수 있게 해달라는 추가사항이 달렸다.

회의록에는 아내와 내가 아이들에게 당부하는 말도 적혀 있었다. 가족이다 보니, 서로를 배려하지 않는 말과 행동을 할 때가 있는데, 그러지 말고 서로를 배려하면 좋겠다는 얘기와 세상에 당연한 것은 없으니, 작은 것에도 항상 감사하는 마음을 갖자는 얘기도 있었다.

가족 루틴은 약속이다. 그리고 약속은 가족을 하나로

묶는 좋은 매개체가 된다. 약속은 함께 지켜야 하는 의무인 동시에 가족 모두가 공유할 수 있는 대상이 된다. 함께 종교생활을 하면 가치관이 공유되고, 어떤 삶을 지향하며 살아가야 할지 깨닫게 되듯이 말이다.

아침 루틴이든, 취미생활이든, 가족회의든 가족 모두가 공유할 수 있는 것이라면 뭐든지 좋다. 중요한 것은 방법이 아닌 지속성이다. 한마디로 꾸준히 해야 한다. 하다 말다 하면 오히려 안 하니만 못한 결과가 나올 수 있다.

함께 웃고 울고, 아픔을 안아주는 찐 가족의 모습을 꿈꾸는 분이라면, 가족만의 약속을 만들고 꾸준히 실천해 보기를 바란다. 꾸준한 행동은 당장에는 눈에 확 띄는 효과가 나타나지 않을지 몰라도, 시간이 지날수록 빛을 발하기 마련이니까.

혼자서도 잘해요

아이가 처음으로 혼자 심부름 가던 날.

아직도 그날이 또렷하게 기억난다. 첫째가 이제 막 초등학교에 입학한, 어느 휴일 이른 아침이었다. 아이는 눈을 뜨자마자 빵이 먹고 싶다고 졸랐다.

휴일 아침, 그것도 이른 아침은 이불 속에서 나가는 것도 싫은데, 밖에까지 나가서 빵을 사와야 한다니! 귀찮은 마음에 딸아이를 설득하려 이런저런 시도를 했지만, 다 부질없는 일이었다. 빵에 꽂힌 아이는 절대 물러서지 않았다. 사실 이런 일이 처음도 아니었다.

'아, 귀찮은데… 이제는 혼자 가도 되지 않나?'

이불과 하나가 되어, 그냥 일시정지 하고픈 욕망이 내 머릿속을 지배하기 시작했다. 귀찮음은 새로운 아이디어를 샘솟게 만들고, 해결책을 제시해주기도 하는 법. 내가 내린 결론은 이렇다.

'그래, 이 기회에 아이에게 혼자서도 할 수 있다는 자신감을 심어주자!'

그러나 생각은 생각일 뿐, 막상 한 번도 혼자 내보낸 적 없었던 아이에게 심부름을 시키려니 불안감이 들끓었다. 아무래도 딸이라 더 걱정됐던 것도 있다. 첫째도 자기 혼자 어떻게 다녀오냐는 눈빛으로 나가기를 주저주저했다. 그런 아이와 불안한 내 마음을 애써 다독이며 괜찮다고, 할 수 있다며 아이를 내보냈다.

둘째의 첫 심부름 때는 스마트폰이 있어 훨씬 수월했다. 실시간으로 상황을 확인할 수 있었으니, 크게 걱정되는 것도 없었다. 그러나 첫째 때는 스마트폰이 없던 상황이었다. 몹시 불안했지만, 그래도 내보냈다.

첫째가 집을 나서기 전 아내와 작전을 짰다. 아이가 엘리베이터를 타고 공동현관 출입구로 나오는 것까지 아내가 지켜보고, 목적지까지 잘 가는지 살피는 것은 내가 하기로 했다. 엘리베이터가 중간에 멈춤 없이 로비 층까지 내려간 것을 확인한 뒤 계단으로 급히 뛰어 내려갔다. 엘리베이터가 다시 올라올 때까지 기다릴 마음의 여유도 없었거니와 5층이라 그 편이 빨랐다.

건물 밖으로 나오자 십여 미터 앞에서 걸어가는 아이의 모습이 보였다. 오랜만에 보는 아이의 뒷모습이 그날따라 왜 이리 자그맣게 보이던지. 귀엽기도 했지만, 한편으론 마음이 짠했다. 왜 그런지 모르겠는데, 가끔 멀찌감치 떨어져서 아이를 바라보면 짠한 마음이 올라오곤 한다. 친구들 사이에 서 있는 아이를 볼 때나 멀리서 걸어오는 모습을 볼 때면 그렇다. 그건 둘째도, 셋째도 마찬가지다.

걸어가는 첫째를 뒤에서 보니, 양팔의 움직임이 거의 보이지 않았다. 손에 쥐여 준 돈을 놓치지 않기 위해, 두 손으로 꼭 붙들고 가는 듯했다. 어쩌면 두려움에, 간절히 기도하는 마음으로 두 손을 모았는지도 모르겠다. 총총걸음으로 보도블록을 따라 내리막길을 걸어가는데, 혹여 넘어질까 불안했다.

다행히 첫째는 아파트 입구에 있는 슈퍼에 무사히 도착

해서 미닫이문을 힘껏 밀고 안으로 들어갔다. 어떻게 하나 보고 싶어, 슈퍼 입구 앞에 놓인 아이스크림 냉장고에 몸을 숨기고 아이를 지켜봤다. 아이는 슈퍼에 들어가면 바로 보이는 빵 선반 앞에 서서 이리저리 빵을 살피다가 원하는 빵을 집어 들었다. 계산대에 빵을 올려놓고, 손에 꼭 쥐고 있던 지폐를 주인아저씨에게 건넸다. 단지 내에 있는 가게라 주인아저씨도 우리 가족을 알고 있었다.

"혼자 왔나?" 사투리 섞인 우렁찬 목소리에 아이는 들릴 듯 말 듯한 목소리로, "네" 하고 대답했다. 주인아저씨는 이제 다 컸다고 하시면서, 잔돈과 소시지 하나를 덤으로 주셨다. 아이는 한 손에는 빵을, 다른 손에는 소시지를 꼭 쥐었다. 혼자 온 게 기특했는지 아저씨가 문까지 아이를 배웅해 주셨다. 따라온 걸 들키지 않으려고, 잽싸게 아이스크림 냉장고를 돌아 보이지 않는 벽 뒤로 몸을 숨겼다.

다른 길로 먼저 올라가 지켜보니, 양손에 빵과 소시지를 들고 오르막길을 힘차게 올라오는 아이의 모습이 보였다. 혼자서 해냈다는 기쁨 때문이었을까? 슈퍼로 가는 내리막길에서는 세상 걱정근심을 다 짊어진 사람처럼 터벅터벅 걷더니, 집으로 오는 오르막길에서는 다리에 힘이 넘치는지 뛰다시피 걸어오고 있었다.

　아이가 어느 정도 올라왔을 때 아내에게 전화를 걸었다. 아이가 오고 있으니, 공동현관 출입구 안으로 잘 들어가는지 살펴보라고 했다. 그리고 내가 먼저 아파트 건물 안으로 들어갔다. 1층과 2층 사이 계단에 숨어서 첫째가 엘리베이터를 타는 모습을 지켜봤다. 엘리베이터에 아이가 탄 것을 확인하고, 미친 듯이 계단을 뛰어 올라갔다. 다행히 간발의 차로 엘리베이터보다 먼저 도착해 집으로 들어갈 수 있었다(다시 한번 말하지만, 집이 5층이라서 가능했다. 젊을 때라 체력이 받쳐준 덕분이기도 했지만).

　헐떡이는 숨을 고르며, 아무렇지 않은 척 식탁 의자에 앉았다. 자리에 앉자마자 도어록 번호를 누르는 소리가 들렸다. 평소보다 소리가 경쾌했다. 곧이어 들리는 문이 꽝 하고 닫히는 소리와 다급한 발걸음 소리로 짐작건대, 이건 흥분했다는 신호다. 왜 우리도 그러지 않았나? 선생님께 칭찬을 받거나 뭔가 자랑할 만한 일이 생기면, 신발도 제대로 벗지 않고 집 안으로 뛰어들어 왔던 기억이 다들 한 번쯤은 있을 것이다.

사람의 표정은 화장실 들어갈 때와 나올 때만 달라지는 게 아니다. 두려웠던 일을 잘 해냈을 때도 그렇게 바뀐다. 아이의 표정을 보니 그랬다. 나갈 때는 먹구름이 잔뜩 낀 흐림이었는데, 들어올 때는 햇볕이 쨍쨍한 아주 맑음이 되어 있었다. 아무렇지 않은 듯 우리 부부는 잘 다녀왔다고 칭찬해줬다. 대단하다는 말과 함께, 엄지척도 잊지 않았다.

아이는 혼자서 심부름을 다녀왔다는 게 너무 신기하고 좋았던지, 상기된 표정으로 다음에도 시켜달라며 방방 뛰었다. 할아버지 할머니께도 전화를 걸어 평소보다 한 톤 높은 목소리로 자신의 성공담을 풀어냈다. 혼자서 뭔가를 해냈다는 성취감에 흥분이 쉽게 가시지 않는 듯했다.

흔히 '아직 어려서', '지금은 안 될 것 같아서'라는 생각으로, 아이에게 뭔가를 시키는 걸 미루게 된다. 좋은 부모가 되고 싶은 마음에 아이의 옆에 딱 달라붙어서 하나부터 열까지 알려주는 친절한 안내자를 자처하기도 한다. 그게 아이의 성장을 방해한다는 걸 모르고 말이다. 그렇게 미루다 보면, 아이가 스스로 해야 하는 나이가 되어서도 혼자 할 수 있는 역량이 자라지 않는다.

혼자 할 수 있는 역량은 나이가 찬다고 해서 자연스럽게 형성되는 것이 아니다. 반복적인 경험을 통해 만들어지는 능력이다. 연습할 기회도 없이 때가 됐다고 아이에게 "이제 혼자 할 때도 됐잖아?" 하고 말한다면, 그건 너무 무책임한 태도가 아닐까?

아이에게 두발자전거 타는 법을 가르쳐줄 때를 떠올려보라. 처음에는 어떻게 타는지 방법을 알려주고, 한 손으로 핸들을 잡고, 다른 손으로 안장을 잡아서 자전거가 넘어지지 않게 도와준다. 그러다 아이가 균형을 잡는다 싶으면, 핸들에서 손을 떼고 안장을 잡은 손의 힘도 서서히 뺀다. 급기야 안장에서도 완전히 손을 뗀다. 아빠가 잡고 있으니 걱정하지 말라고 얘기하지만, 잡지 않고 따라갈 뿐이다. 그렇게 자전거는 오로지 아이의 다리 힘만으로 굴러간다.

물론 아빠가 잡고 있지 않다는 사실을 안 순간, 바로 넘어진다. 여기서 아이가 무서워한다고 그만두면 두발자전거 타기는 영영 물 건너간 거다. 부모의 과보호가 아이가 주도적으로 성장할 기회를 없애버리는 것이다. 두려워하는 아이를 달래서 몇 번 더 시도하고 나면, 혼자서도 아주 잘 탄

다. 무서웠던 기억은 까맣게 잊은 채 아빠한테 절대 잡지 말라고 다짐까지 받는다. 혼자서도 할 수 있다는 자신감이 생겼기 때문이다.

왜 오늘날 학습의 자발성이니, 자기주도학습이니 하는 것들이 각광을 받을까? 지금도 그렇지만, 앞으로는 스스로 공부하는 힘, 즉 공부머리가 없으면 입시를 준비하기 힘들기 때문이다. 단순 암기로 성적을 올릴 수 있는 시대는 지났다. 문제를 해결하는 능력, 생각하는 힘이 지식의 축적보다 중요한 세상이 되었다. 학교에서도 학생들의 주도성을 키워주기 위한 수업이 활발히 이루어지고 있다.

자기주도성을 키워주기 위해서는 아이가 스스로 할 수 있는 일을 늘려줘야 한다. 아이가 스스로 선택하고, 그 결과를 직접 경험하게 해줘야 한다. 소소한 일부터 시작해보자. 고작 심부름쯤이야 할지 몰라도 스스로 뭔가를 해내고 성취하는 경험은 작은 일부터 시작된다. 신발 끈을 혼자 묶는 것, 옷을 혼자 입는 것, 아침에 침대를 정리하는 것도 좋은 방법이다. 이러한 성공의 경험이 반복될수록 자신감이 커지고, 자존감 높은 아이로 자란다.

등잔 밑만 어두운 게 아니다

우리 집에는 '걸그룹'이 있다.

아! 엄밀히 말하면, 있었다. 현재형이 아니라 과거형이다. 첫째가 초등학교 6학년 때까지만 해도, 둘째와 셋째를 이끌고 한창 유행하는 노래에 맞춰 춤을 췄다. 실제 걸그룹의 멤버 수와는 상관없이, 무조건 세 명이 합을 맞추는 대형으로 춤을 췄다.

나름대로 준비도 철저했다. 엄마 아빠에게 들키지 않기 위해 방이나 베란다 혹은 커튼 뒤에 숨어서 연습했다. 모든 준비를 마치고 나서야 우리 부부를 소파에 앉혔다. 춤출 대형을 갖추고 나면, 둘째가 음악을 튼 다음 재빨리 자기 자리로 가서 섰다. 무대의 시작은 노래에 맞춰 그때그때

달라졌다. 몸을 돌려 등을 보이거나 무릎을 꿇은 채로 시작할 때도 있었고, 프리스타일로 시작할 때도 있었다.

여기서 미리 말해두지만, 세 딸의 공연은 학예회 수준이 아니었다. 어설퍼도 애들이니까 웃어주고 손뼉 쳐 주는, 그런 수준을 한참 넘어선 공연을 매번 보여줬다. 원곡의 춤을 알지 못해도, 누가 봐도 제대로 추고 있구나 느낄 정도로 잘 췄다. 온종일 춤만 연습한 것처럼, 대형을 맞춰서 안무를 바꾼 곡이 꽤 됐다. 집에 친척이라도 오는 날이면, 다른 건 다 제쳐두고 공연 먼저 관람해야 했다. 집에 발을 들이고 다른 무언가를 하기 전에 반드시 거쳐야 하는, 첫 번째 관문인 셈이었다.

아이들은 마치 공연을 위해 태어난 사람처럼 하루도 빠짐없이 춤을 췄다. 춤 동작을 자세히 살피고 똑같이 따라하기 위해 엄청난 노력을 쏟아부었다. 첫째의 열정에 끌려다닌 둘째 셋째도 점점 실력이 향상되었고, 나중에는 둘째가 셋째를 데리고 따로 공연할 정도였다.

아이들이 한창 춤과 노래를 달고 살던, 어느 휴일 오후였다. 첫째가 화이트보드 앞에 앉아 있었다. 거실로 들어오면 바로 보이는 오른쪽 벽면에 붙여놓은 보드였다. 아이들은 새로운 무언가를 배우면 보드에 적어놨다. 가끔은 지나가는 느낌을 적기도 했다. 그걸 보고 아내와 나는 요즘 아이들이 어떤 것을 배우는지, 무엇을 느꼈는지 알 수 있었다. 낙서판으로 쓰려고 설치했는데, 아이들의 생각을 읽을 수 있는 힌트 역할을 톡톡히 한 셈이다.

보드에 적힌 내용을 읽으면 아이들의 관심사가 보였다. 하루는 이루고 싶은 꿈이 쓰여 있기도 하고, 어떤 날은 가지고 싶은 물건이나 하고 싶은 일이 적혀 있기도 했다. 잘 기억하고 있다가 식사 시간에 넌지시 물어보면, 기다렸다는 듯이 원하는 것들을 쏟아냈다. 아이와 대화를 이어가거나, 그렇게 하겠노라 약속한 것도 부지기수. 그런 상황이 되풀이되자 아이들은 보드를 더 적극적으로 이용하기 시작했다. 어떨 땐 맞춰보라며 퀴즈를 내기도 했다.

한참을 보드 앞에 쭈그리고 앉아서 뭔가를 열심히 적던 첫째가 일어났다. 아이가 떠난 자리엔 쭉 나열된 자음만이 보였다. 그리고 그 밑에는 이렇게 적혀 있었다. '노래 가사임. 맞추면 천재!!!' 나열된 자음만 보고 노래 제목을 맞추는 문제였다.

 문제를 본 순간 갑자기 투지가 끓어올랐다. 어떻게든 맞추고 싶었다. 왠지 모르지만, 그래야 내가 첫째와 친하게 지내고 있다는 방증이 된다고 생각했다. 그 순간 나에게 이 문제는, 맞혀도 그만 틀려도 그만인 문제가 아니었다. 꼭 맞춰야 하는 문제였다. 아이에게 "봤지? 아빠야!" 하고 으스댈 수 있는 절호의 기회가 아닌가.

 화이트보드에 쪼그려 앉아 한참을 고민했다. 자음에 맞는 모음을 손가락으로 하나씩 그려가며 답을 유추했다. 몇몇 단어를 조합해 봤지만, 그냥 단어일 뿐 노래 가사는 아니었다. 자음에 맞는 단어가 늘어날수록 오히려 더 헷갈렸다. 마구 엉킨 실타래처럼 시작점을 찾기도 어려웠다. 최신 가요를 잘 모르긴 했어도, 도무지 답 비슷한 것도 떠오르지 않았다.

 그렇게 머리를 쥐어짜며 좌절하고 있는데, 지나가던 아내가 한마디를 던졌다.

 "그거 에이핑크의 '미스터 추'야."

 아내의 말에 나는 얼음이 되었다. 이게 만화라면 누가

손대자마자 바사삭 부서져 먼지처럼 흩날리는 장면이 연출되었을지도. 그 순간 기억 저편에 묻어놨던 어릴 적 보물찾기의 추억이 떠올랐다. 언제였더라? 초등학교 5, 6학년 때였던 것 같다. 소풍의 하이라이트라 할 수 있는 보물찾기에 반 아이들 모두가 몸이 달아 있었다. 나 역시 마찬가지. 선생님이 숨겨둔 쪽지를 찾아 이곳저곳을 헤매는데, 어찌나 꼭꼭 숨겨뒀는지 종이 끄트머리도 보이지 않았다.

시간이 흐르고, 여기저기서 "찾았다!" 외치는 목소리가 들렸다. 쪽지를 찾은 아이들이 늘어날수록 부러움과 함께 조급한 마음이 밀려들었다. 나도 쪽지를 꼭 찾고 말 거라고 자신을 다독이며, 열심히 나무 사이를 뒤지고 있을 때였다. 이미 쪽지를 찾은 친구가 내 옆을 지나가며 이렇게 툭 말을 던졌다. "거기엔 없어. 옆에 바위 아래에 있잖아. 안 보여?"

친구야 안타까운 마음에 베푼 친절이었겠지만, 그 순간 나는 맥이 탁 풀렸다. 친구의 말이 마치 '헛수고 그만해!'라는 일침으로 들렸던 탓이다. 그 친구 덕분에 그토록 원하던 보물을 얻었지만, 기분은 별로였다.

아내가 답을 알려주었지만, 굳이 확인하진 않았다. 아

니, 찾아볼 필요도 없었다. 그 당시 첫째가 입에 달고 다녔던 노래가, 바로 그 노래였기 때문이다. 어디 노래뿐일까, 춤도 기막히게 췄다. 그 공연을 보며 손뼉까지 치며 좋아했는데, 정답을 맞추지 못하다니. 너무 허무했다. 등잔 밑만 어두운 게 아니었다. 내 생각도 어두웠다. 하루에도 몇 번씩 듣던 노래였는데, 어쩜 그리 까맣게 잊을 수 있는지. 나도 내가 이해되지 않았다.

아내는 바로 맞춘 답을 나는 왜 전혀 알아채지 못한 걸까? 그냥 넘어갈 수가 없었다. 왜 그렇지 않은가? 어려운 문제를 못 맞히면 그럴 수 있다고 대수롭지 않게 넘겨도, 알고 있는 문제를 실수해서 틀리거나 그때만 기억나지 않아 답을 적지 못하면 쉽게 잊히지 않는다. 너무 아쉽기 때문이다. 아니면 아이와 잘 지내고 있다고 내심 자부했는데, 실상은 그렇지 않을지 모른다는 불안감이 작용했기 때문일지도 모르겠다. 아이가 좋아하는 것도 모르면서 가까운 사이라고? 다른 건 몰라도 이 부분만큼은 절대 뒤처지고 싶지 않았다.

수능시험 오답 문제를 복기하는 마음으로 곰곰이 생각

해 보니, 의외로 그 이유를 쉽게 찾을 수 있었다. 정답을 맞히기 위해 고민하는 사이, 딸아이는 사라지고 종국엔 나만 남았던 것! 문제를 낸 사람은 딸아이인데, 내가 생각하는 노래 안에서만 답을 찾으니, 아무리 고민해도 답을 모를 수밖에. 시험을 볼 때도 그렇다. 출제자의 의도를 파악하지 못하면 오답의 함정에 빠져 버린다.

어떤 문제를 풀기 위해, 그 무게중심을 자신에게 두는 것은 잘못이 아니다. 자신의 경험과 지식을 동원하여, 문제의 답을 찾는 것은 너무나 당연하니까. 그러나 우리가 살아가면서 마주하는 어떤 문제들은, 때때로 문제 자체보다 그 너머에 있는 사람에 집중할 필요가 있다.

가사에 집중하기 전에, 아이에게 먼저 집중했다면 어땠을까? 아이가 최근에 관심을 가지고 자주 불렀던 노래를 먼저 생각했다면? 아마 어렵지 않게 답을 찾았을 것이다.

모든 문제는 사람이 내고, 사람으로부터 발생한다. 이것이 문제보다 사람에게 관심을 두어야 하는 이유다. 손가락으로 달을 가리킬 때 손가락이 아닌 달을 봐야 한다는 것과 같은 이치다.

아이와 대화하면서 아이의 상태를 살피지 않는다면, 아이의 말에 담긴 의미를 온전히 수용하기 어렵다. 정답을 찾기 위해서 문제를 먼저 잘 파악해야 하는 것처럼, 아이와의 원활한 소통을 위해서는 어디에다 중심을 두고, 무엇을 주의 깊게 살펴야 할지 끊임없이 점검할 필요가 있다.

때가 되면?

"엄마! 친구랑 놀다 올게요!"

아이에게 흔히 듣는 말이다. 우리도 둘째까진 그렇게 생각했다. 아주 당연하게. 하지만 막내는 달랐다.

막내는 유독 친구가 없었다. 아니, 없었다는 표현보다 잘 어울리지 못했다는 표현이 정확하다. 집에서 하고 싶은 말은 다 하고, 특히 둘째한테는 이기려고 하는 성격이라, 밖에서도 그럴 거로 생각했다. 그런데 웬걸? 친구들 앞에서는 말 한마디 제대로 못 했다. 싫어도 친구들이 하자는 대로 따랐다, 답답하리만큼. 우리 막내가 맞나 싶을 정도였다.

놀 친구가 없는 막내는 둘째한테 들러붙었다. 집에서는

둘째와 놀았고 밖에서는 둘째 친구들 사이에 끼어서 놀았다. 둘째 친구의 동생이 막내와 비슷한 연배라면 같이 어울려 놀기도 했다. 막내의 교우관계가 걱정되긴 했지만, 이 모습도 나쁘진 않다고 생각했다.

 부모는 왜 아이들이 항상 같을 거라 착각하는 것일까? 둘째가 친구들이랑 놀 때 막내를 잘 데리고 다녀서 괜찮은 줄 알았다. 하지만 아니었다. 어느 날 둘째가 친구들끼리 편하게 놀고 싶다는 말을 꺼내면서 울먹였다. 그게 뭐 울 일이냐며 다독였지만, 속으로는 뜨끔했다. 그래, 아무래도 동생이 있으니 불편했겠지. 친구들이 그랬단다. 동생 좀 안 데리고 나오면 안 되냐고. 그 말을 들었을 때 둘째의 마음이 어땠을지 생각하면…. 동생을 끔찍이 위하는 둘째라 친구들한테 서운한 마음도 들었을 테고, 자기도 그러고 싶은데 그럴 수 없는 상황에 답답한 마음도 들었을 거다.

 그러니 내 아이가 마냥 웃으면서 받아들인다 해도, 정말 기꺼운 마음으로 하는 게 아닐 수 있다는 사실을 한 번쯤은 헤아려 봐야 한다. 아이는 자신의 감정보다 부모의 기대에 부응하기 위한 선택을 할 때가 있다. 평소 칭찬을 들어왔던 아이는 그럴 가능성이 더 크다. 소위 착한 아이 콤플렉스가 발동하는 것이다.

그렇게 참아오던 아이가 폭발하는 시점이 있으니, 바로 사춘기다. 사춘기 때 폭발하면 그 여파가 오래간다. 쌓이고 쌓였던 감정이 한꺼번에 터져 나오기 때문이다. 그래서 수습하기가 더 어렵다. 사춘기 때 아이나 부모나 둘 다 고생하지 않으려면, 미리미리 아이의 속마음을 헤아려서 부정적인 감정이 넘치지 않도록 덜어내 줘야 한다.

둘째의 고백 이후로 막내의 친구 문제는 '때가 되면 괜찮아지겠지.' 하고 그냥 내버려 둘 수 없는 문제가 되었다. 그렇다고 강제로 친구를 만들어줄 수도 없는 노릇. 아내와 상의 끝에 우리가 할 수 있는 선에서 아이에게 코치를 해주기로 했다.

막내가 학교에서 있었던 일을 얘기할 때마다 아이의 말을 유심히 들었다. 전에도 흘려듣지 않으려 노력했지만, 이번에는 그 결이 달랐다. 학교에서 누구와 어떤 놀이를 했는지, 무슨 말을 했는지 듣고 있으면, 왜 아이가 친구들과 잘 어울리지 못하는지 조금은 감이 잡혔다.

문제는 막내가 자기 의견을 잘 말하지 않는 데 있었다. 친구들이 하자는 대로, 가자는 대로 따랐다. 그게 뭐가 문제냐고 할 수도 있지만, 나와 아내의 생각은 달랐다. 혹시 주변에 아무런 의견도 내지 않는 친구가 있는가? 있다면 이해가 좀 쉬울 텐데 말이다. 자신의 의견을 말하지 않는 친구, 즉 자기 얘기를 전혀 하지 않는 친구는 가까이하기가 꺼려진다. 꺼려진다기보다 가까이 지내고 싶은 마음이 별로 들지 않는다는 게 더 정확한 표현이겠다. 도무지 속을 알 수 없기 때문이다. 뭘 해도 이렇다 할 반응이 없으니 친해지고 싶은 마음이 생기지 않는다.

막내에게 자기 의견을 말하라고 했다. 좋으면 좋다 싫으면 싫다 얘기해야, 친구들이 너를 더 잘 알 수 있다고 얘기해줬다. 내가 친구가 되어 막내와 시뮬레이션도 해 보고, 사교성 좋은 언니를 따라다니면서 암묵적으로 배우게도 해 봤다. 이런저런 방법을 써도 별다른 효과가 없어 뭘 해도 안 되나 싶어 다시 '때가 되면 나아지겠지' 모드로 돌아가려는 찰나, 움츠려 있던 막내의 교우관계에 꽃이 피기 시작했다. 초등학교 4학년 때였다.

집에 일찍 들어간 어느 저녁, 막내가 상기된 표정으로 출입문까지 달려와 오늘 무슨 일이 있었는지 아느냐고 물었다. 질문의 답을 생각할 틈도 없었다. 자기가 물어놓고 입이 근질거려 참을 수 없었는지, 바로 답을 말했기 때문이다.

"오늘 반장선거에 나갔다요!"

말이 이상하게 들리겠지만, 이해해주길. 우리 막내가 가끔 쓰는 말투다. 예전보다 많이 줄기는 했는데, 너무 흥분하면 이런 말투가 튀어나온다. 그건 그렇고. 반.장.선.거? 이게 무슨 소리지? 친구 앞에서 말도 제대로 못하는 아이가 무슨 반장선거? 나의 뇌 구조로는 이해하기 어려운 말이라 잠시 멍하게 있는데, 아내가 막내를 부추겼다.

"그치! 우리 사랑이 반장선거 나갔지~"

아내의 목소리에도 기쁨이 묻어났다.

"근데 한 표 차이로 떨어졌어요. 아깝겨?"

반장에 떨어졌는데도 아이는 기뻐서 어쩔 줄 몰라 했다. 그도 그럴 것이 막내는 선거에 나갈 생각조차 하지 못했는데, 친구가 추천해줘서 나가게 됐다고 한다. 얼떨결에 앞에 나가서 '내가 우리 반 반장이 되면…' 하고 연설까지 했던 것. 지금 생각해봐도 막내가 못하겠다고 빼지 않은 게 신기할 따름이다.

막내는 자기를 추천해준 친구가 있다는 사실과 자신을 뽑아준 친구들이 있다는 사실에 자신감을 얻은 것 같았다. 왜 어른도 그렇지 않은가? 말도 안 된다며 손사래 친 일이라도, 막상 그 일을 맡게 되면 알 수 없는 힘이 솟아난다. 이때 일의 성패나 결과는 그리 중요하지 않다. 말도 안 된다고 생각했던 것을 시도했다는, 도전 자체가 큰 소득이 된다. 그 경험을 통해 '어라? 되네?' 하는 자신감이 생기니까.

반장선거 이후로 막내의 교우관계는 급물살을 타기 시작했다. 물론 선거 하나로 그동안 그렇게 어려웠던 일이 마법처럼 잘 풀린 건 아니었을 것이다. 반 편성이 잘 돼서 일 수도 있고, 그동안 막내에게 전수했던 친구를 사귀는 100가지 방법 중 한 가지가 빛을 발했을 수도 있다. 둘째를 따라다니며 친구들과 사이좋게 지내는 방법을 자연스럽게 터득했을 수도 있고. 어쩌면 이 모든 게 복합적으로 작용해서 친구들과 자연스럽게 어울리게 되었는지도 모른다.

친구들과 잘 어울리지 못하는 아이를 보며 얼마나 마음

을 졸였던가. 만약 누군가 내게 '부모로서 가장 마음이 놓일 때가 언제인가?'라고 묻는다면, '건강하게 친구들이랑 잘 놀 때'라고 대답할 것이다.

공부 잘하는 거? 말 잘 듣는 거? 아니다. 이런 건 부수적으로 밀어놔도 괜찮다. 정말이다. 첫째와 둘째가 워낙 친구들과 잘 지내서 당연한 건 줄 알았다. 하지만 겪어보니 알겠더라. 아이가 친구들과 어울리지 못하는 게 얼마나 가슴을 애태우는 일인지. 나보다는 아내가 더 그랬을 거다. 막내 얘기를 하다가 눈물을 흘린 적도 여러 번이니까.

사실 아이의 교우관계에 가장 큰 영향을 미치는 건 엄마다. 엄마라고 뭐든지 해줄 수 있는 건 아니지만, 엄마의 친분이 곧 아이의 친분으로 연결될 때가 많기 때문이다. 특히 초등학생 저학년 때는 더 그렇다. 첫째도 둘째도 엄마의 친분으로 만난 아이들끼리 잘 어울려 다녔다. 그런데 막내는 왜 그런지 몰라도 엄마의 친분으로 만난 아이들과 잘 어울리지 못했다.

누군가는 그럴 테다. 시간이 지나면 다 알아서 친해지는데 왜 이리 유난이냐고. 물론 예전에는 그랬을지 모른다. 딱히 놀 것도 없고, 다 동네에서 마주치는 아이들이니 말이다. 하지만 요즘은 그렇지 않다. 생각보다 친구 문제로 학교에 가기 싫어하는 아이들이 많다고 하니, 가볍게 넘길 일이 아닌 것이다.

함께 어울려 놀 친구가 생겨 신이 난 막내가, 하루는 친구들을 위한 특별한 이벤트를 계획했다. 뜨개질에 취미가 있는 막내는 솜씨가 좋아 웬만한 건 다 잘 만드는데, 직접 만든 머리핀을 선물하고 싶다고 말했다. 똑딱핀 위에 예쁘게 뜨개를 만들어 붙이면 애들이 좋아할 거라고.
 그런데 검은색 똑딱핀을 사려고 근처 문구점에 갔던 막내가 축 처져서 돌아왔다. 문구점에 없어서 구하지 못했단다. 다음 날 친구들을 만나면 직접 만든 머리핀을 주고 싶었던 막내는 무척이나 실망한 눈치였다. 뜨개는 다 떠 놨는데, 핀 때문에 완성을 못 하고 있으니 아쉬울 만도 했다.
 11년 만에 생긴 친구였다. 얼마나 잘해주고 싶겠는가. 막내를 응원하는 마음에서 아빠가 구해다 주겠노라 큰소리를 쳤다. 무슨 특별한 수가 있어 그랬던 건 아니다. 그냥 동네를 샅샅이 뒤질 심산이었다. 막내의 손을 잡고 자신 있게 집을 나섰다.

그날따라 바람은 왜 이리 쌀쌀하게 부는지…. 근처에서 금방 살 수 있을 줄 알고 슬리퍼를 신고 나왔는데, 잘못된 선택이었다. 가는 곳마다 허탕을 치고, 다음 가게엔 있겠지 하고 걷다 보니, 어느새 버스 정거장을 다섯 개나 지나쳤다. 평소 같으면 벌써 힘들다고 징징댔을 막내는, 그날만큼은 전혀 그런 모습을 보이지 않았다. 역시 애나 어른이나 목적의식이 있어야 한계를 뛰어넘나 보다.

진짜 마지막이라 생각하고 인근에서 제일 큰 매장으로 들어갔다. 여기에도 없으면 없는 거였다. 간절한 마음으로 문을 열고 들어가는 순간, 기도가 절로 나왔다. 아, 내가 머리핀 때문에 기도까지 할 줄이야! 두 눈을 커다랗게 뜨고 이리저리 살피는데, 딱 한 봉지가 남아있었다. 한 봉지에 들어있는 핀의 개수는 5개, 친구들한테 나눠줄 건 4개. 미션 성공! 오, 기도발 최고!

걸어왔던 길을 다시 되짚어 걸었다. 찬 바람에 발가락이 시려왔지만 괜찮았다. 그깟 추위쯤이야. 막내도 신이 났는지 집으로 돌아가는 길 내내 종알거렸다. 같은 길이지만 발걸음 소리도 완전 달랐다. 그렇게 아빠 역할을 무사히 마치고 집으로 돌아왔다.

아이는 엄마의 도움을 받아 똑딱핀에 완성한 뜨개를 정성스레 붙였다. 친구들에게 선물할 생각을 하니 설렜는지, 온종일 얼굴에서 미소가 떠나지 않았다. 막내의 선물이 친구들에게 대환영을 받은 건 당연지사. 그 덕분인지 몰라도 지금도 막내는 머리핀 사총사와 둘도 없는 친구 사이로 지내고 있다.

오케이! 한 번 더!

온 가족이 스키장으로 출동했다.

이번 스키 여행에서 가장 들뜬 건 첫째였다. 첫째의 발 치수가 드디어 하한선을 통과해서 정식으로 스키를 배울 수 있게 되었기 때문이다.

너무 어려서 발에 맞는 스키가 없었던 둘째와 막내는 눈썰매를 탔다. 대신에 둘째한테는 문구점에서 산 플라스틱 장난감 스키를 신발에 달아줬다. 제대로 미끄러지지 않는데도 혼자서 앞뒤로 왔다 갔다 하며 신나게 놀았다. 놀다가 넘어져서 엉덩방아를 찧어도 뭐가 그리 좋은지 웃음이 떠나지 않았다. 예나 지금이나 아이들은 눈밭에서 노는 것만으로도 마냥 기쁜 모양이다.

둘째와 셋째를 아내가 전담하는 사이 첫째에게 스키를 가르쳐주기 위해 초급자 연습장으로 데리고 갔다. 자기 키와 맞먹는 스키를 양팔에 얹고 걸어가는 모습이 어찌나 깜찍하던지. 헬멧을 쓰고 폴을 야무지게 잡은 모습에선 결연함마저 느껴졌다. 넘어지는 법과 기본자세를 가르쳐줬는데, 운동신경을 타고난 건지 어렵지 않게 자세를 잡았다. 역시 체육인의 딸답구나!

고고고! 이제 시작이다.

초급자 슬로프로 올라가기 위해 리프트를 탔다. 아이에게 안전하게 리프트 타는 법을 설명했다. 리프트가 도작하면 의자 깊숙이 걸쳐 앉기, 발이 하차 지점에 닿을 때 의자에서 일어나기 등등. 여기서 한 가지 팁을 주자면, 아이가 리프트에서 내릴 때 넘어질까 불안해서 손을 잡아주는 부모들이 있는데, 그러면 안 된다. 혼자 넘어지면 리프트의 관성 때문에 조금 더 가서 넘어지지만, 잡아주다가 잘못해서 하차 지점에서 넘어지면, 대형 사고로 이어질 가능성이 높기 때문이다.

리프트에서 내려 초급자 슬로프 꼭대기에 섰다. 첫째는

막상 내려갈 생각을 하자 겁이 나는지 자신만만했던 모습은 사라지고, 어떡하냐는 말만 연신 내뱉었다. 걱정하지 말라고, 아빠만 믿으라는 말로 아이를 다독였다.

처음에는 내가 뒤에서 아이의 허리를 잡고 내려갔다. "에이(A), 에이(A)"를 외치며 무릎을 모으고 다리에 힘을 주라고 계속 말했다. 아, 참고로 에이(A)라고 외친 이유는 스키를 타고 내려올 때 무릎을 모아서, 스키 모양을 A자로 만들라는 말이다. 스키 끝이 모여 A자 모양이 돼야 속도를 줄이거나 멈추기가 쉽다. 위에서 아래로 내려올 때 11자로 내려오면 속도 제어가 안 되기 때문에 경사가 가파른 곳에선 매우 위험하다.

슬로프를 거의 내려와서는 허리에서 손을 떼고 혼자 내려가 보게 놔뒀다. 경사가 완만해서인지 잘 내려갔다. 그렇게 몇 번 타 본 뒤엔 처음부터 혼자 내려가도록 했다. 뒤에서 쫓아가면서 "에이, 에이 풀고 다시 에이"를 목이 터져라 외치긴 했지만. 어쨌든 여러 번 반복해서 연습했더니 혼자서도 제법 능숙하게 스키를 탔다. 잘하면 중급자 코스도 탈 수 있을 것 같아서 욕심이 났다. 그래서 첫째에게 한 단계 위로 가도 되겠냐고 물었더니, 서슴없이 그러자고 했다.

자신감이 붙었을 때 팍팍 진도를 나가자 싶어 리프트를 타고 중급자 슬로프로 갔다. 몇 번 타 봤다고 리프트에서 내리는 것도 곧잘 했다. 그런데 정상에 서자 아이의 표정이 달라졌다. 생각보다 가파른 내리막길에 적잖이 놀란 눈치였다. 아이에게 처음만 조금 경사가 졌지, 그 후로는 초급자 코스와 똑같다고 안심시켰다. 이전의 성공 덕분일까? 아이는 혼자서 타 보겠다고 말했다.

아이를 먼저 출발시켰다.
그런데 내려가는 속도가 너무 빨랐다.
뒤에서 계속 "에이! 에이!"를 외쳤지만, 속도가 줄지 않았다. 다리를 쫙 벌리고 속절없이 내려가는 첫째를 쫓아가는데, 어떤 사람이 왼쪽에 오른쪽으로 아이의 등을 스치고 지나가는 게 보였다. 아이는 그 자리에서 곤두박질쳤다.
부리나케 넘어진 아이에게로 갔다. 아이는 얼굴에 눈을 덕지덕지 묻히고, 잔뜩 겁먹은 표정으로 울고 있었다. 재빨리 아이의 상태를 살폈다. 겉으로 보기엔 크게 다친 곳은 없는 것 같은데, 놀라서 그런지 좀처럼 일어나지를 못했다. 곧 패트롤이 왔고, 차량을 이용해 슬로프 아래로 내려갔다. 의무실에 도착해 진찰을 받았는데, 다행히 다친 곳은 없었다. 문제는 첫째가 너무 겁에 질렸다는 것이다.

"이제 다시는 안 탈래요."라며 울먹이는 첫째를 보니, 괜히 쓸데없는 욕심을 부린 것 같아 후회됐다. 제어가 안 되는 상태로 내려갈 때 얼마나 놀라고 무서웠을까? 딸한테 정말 미안했다.

의무실에서 어느 정도 안정을 취한 다음, 밖으로 나왔다. 아이의 두 눈은 한참을 울어서 탱탱 부어 있었다. 먼저 객실로 들어간 아내와 두 딸은 이 소동을 모를 터였다. 첫째를 데리고 의무실 근처 의자에 앉았다. 가쁜 숨소리가 점점 잦아드는 걸 보니 놀란 마음이 많이 진정된 것 같았다.

객실로 그냥 들어갈까 했지만, 왠지 그러면 안 될 것 같다는 생각이 강하게 들었다. '지금 이대로 들어가면, 스키는 아주 나중에나 탈 수 있을 거야. 아니면 평생 못 탈 수도 있지. 스키만 못 타는 게 아니라, 이게 트라우마로 남아서 앞으로 뭘 배울 때마다 두렵다고 하면 어떡하지?'

혼자 너무 넘겨짚은 것일 수도 있다. 하지만 여기서 멈추면 첫째한테 좋을 게 없다는 것만은 확실했다. 어떻게 할까 고민하다 조심스럽게 말을 꺼냈다.

"이제 좀 괜찮아? 지금 들어가고 싶어?"

"네, 들어가고 싶어요."

"근데 아빠 생각에 지금 들어가면, 스키를 못 탈 것 같은데… 아깝지 않아? 높은 데 말고 처음 탔던 곳에서 한 번 타 보는 게 어때?"

"싫어요. 무서워요."

"아빠가 잡아줄게."

"그래도 무서워요."

아이의 어깨를 토닥이면서, 잠시 대화를 멈췄다.

어떻게 말해야 할지 막막했다. 그때 초급자 슬로프에서 내려오는 아이가 보였다. 첫째보다 확실히 어려 보였다. 이거다 싶어서 아이를 가리키며 말했다.

"와! 저기 봐! 저렇게 조그만 애도 타네? 저런 꼬마도 잘 타는데, 정말 다시는 안 탈 거야?"

첫째는 그 아이를 반쯤 풀린 눈으로 쳐다봤다. 고민하는 건지 그냥 쳐다보는 건지 알 수 없었다.

"아빠가 너무 아쉬워서 그래. 여기서 포기하면, 앞으로 스키를 못 타게 될 수도 있어. 그래도 괜찮아? 스키 타는 걸 무지 기대했잖아?"

"그래도 지금은 무서워요. 다음에 탈래요."

"그래, 알았어. 그럼 5분만 더 생각해 보고, 그래도 방에 가고 싶으면 돌아가자! 아빠는 지금 당장 방으로 가도 괜찮아. 나중에 환희가 아쉬워할까 봐 그래."

아이는 아무 말이 없었다. 잠깐 고개를 숙이고, 발로 눈을 몇 번 차더니 입을 열었다.

"아빠가 꽉 잡아줘야 해요. 알았죠?"

"그럼, 당연하지!"

아빠의 마음이 닿아서일까? 기특하게도 용기를 낸 아이를 데리고 초급자 슬로프로 갔다. 걱정과 달리 리프트에서도 잘 내렸다. 약속대로 아이의 허리를 꼭 잡고 슬로프를 천천히 내려왔다. 처음엔 긴장한 탓인지 몸에 힘이 잔뜩 들어가 있더니, 시간이 지나면서 조금씩 긴장이 풀리는 게 느껴졌다. 아이의 얼굴에 웃음이 찾아왔고, 다시 조잘조잘 떠들기 시작했다. 정말 다행이다 싶었다. 오늘의 추억이, 새로운 경험이 두려움으로 기억되지 않아서 말이다.

그때 오늘 운영을 마친다는 스키장 안내 방송이 나왔다. 뜻밖의 사고 때문에 정신이 없다 보니, 야간 운영 시간이 끝났는지도 몰랐다. 아이는 아까의 충격을 완전히 잊어버

렸는지 조금만 더 타면 안 되냐고 졸랐다. 내일 또 타자는 말로 아이를 달래야 할 정도였다. 불과 몇 시간 전만 해도 다신 스키를 안 타겠다고 말하던 아이는 뉘 집 아이인지.

 객실로 돌아와서는, 왜 이렇게 늦었냐고 묻는 엄마에게 아이는 좀 전에 있었던 일을 쏟아내기 시작했다. 한 편의 모험기가 따로 없었다. 아내는 깜짝 놀란 표정으로 "그래서? 그래서?"라는 말을 연거푸 내뱉으며 안도의 한숨을 쉬었다.

 누군가는 두려움에 떠는 아이를 달래서 다시 스키를 태운 것을 몰인정하다고 말할지도 모른다. 하지만 난 아직도 이때를 떠올리면 잘했다고 생각한다. 스키장 사건은 아이에게 닥친 두려움과의 첫 싸움이었다. 만약 그때 안쓰러운 마음에 아이를 데리고 방으로 들어갔다면, 다음날 스키를 탔을까? 아니, 지금도 스키를 타지 못했을 거라 장담한다. 머릿속에 성공의 기쁨은 사라지고, 사고의 두려움만 가득했을 테니 말이다.

 스키를 타고 안 타고를 떠나 아이가 두려움이라는 커다란 짐을 마음 한쪽에 담아두고 살아가지 않길 바랐다. 그

두려움이 새로운 도전을 할 때, 박차고 오르려는 발목을 잡아끌지도 모를 일이니까. 그때의 경험 때문일까? 첫째는 스릴 넘치는 놀이기구도 잘 타고, 새로운 무언가를 배우고 도전하는 데도 거침이 없다.

여기 부모의 결단이 얼마나 중요한지를 말해주는 이야기가 하나 있다.

어느 숲속에 아기 새가 있었다. 둥지를 떠날 때가 다가오는데도 날지를 못했다. 어미 새는 비행하는 모습을 보여주며, 너도 할 수 있다고 용기를 불어넣어 줬지만, 아기 새는 자신이 날 수 있다고 생각하지 않았다. 자기 몸 어디를 둘러봐도 날개가 보이지 않았기 때문이다. 고민하던 어미 새는 마음을 굳게 먹고, 아기 새를 절벽으로 데리고 갔다. 바닥이 보이지 않을 만큼 높은 곳이었다. 아기 새는 겁을 먹고 떨기만 할 뿐 움직이지 못했다. 어미 새는 아기 새를 몸으로 밀어서 절벽 밑으로 떨어트렸다. 그러면서 이렇게 소리쳤다.

"너는 날개가 있어! 그 날개를 활짝 펴고 날아올라 봐!"

아기 새는 살기 위해서 본능적으로 몸부림을 쳤다. 그때

숨겨져 있던, 아니 아기 새가 부정했던 날개가 활짝 펴졌다. 창공을 자유롭게 비행하는 아기 새를 보며, 어미 새는 눈물을 흘렸다.

   두려움을 극복하는 데, 다음은 없다.
   두려움을 느끼는 상황이 닥치면, 아이는 움츠러들 수밖에 없다. 아이의 눈물과 애원에 마음이 아프지만, 때론 두 눈을 질끈 감고 단호하게 행동해야 할 필요가 있다. 모진 게 아니라 아이를 위해서다. 아기 새가 날 수 있었던 것도 날개의 힘이 아니라 어미 새의 과감한 결단 때문이었을 것이다.

아빠가 좋아할 만한

첫째가 중학교 2학년, 둘째가 초등학교 5학년 때의 일이다.

저녁 식사 자리에서, 아이들이 성당에서 보고 온 영화 이야기를 했다. 두 아이 모두 미사를 주례하는 신부님을 보조해 예식이 원활하게 거행될 수 있도록 돕는 '복사'라는 직책을 맡고 있었는데, 그 복사단에서 본 영화라고 했다. 제목이 〈말모이〉였다. 어디서 들어본 제목이긴 한데, 어떤 내용인지 전혀 생각나지 않았다.

둘째는 영화를 보고 울었다고 했다. 두 딸 모두 감동적이고 재미있었다는 말과 함께 이런 말을 보탰다.

"아빠가 좋아할 만한 영화예요. 꼭 보세요!"

아빠가 좋아할 만한 영화?

아이들이 그렇게 말하니, 어떤 영화인지 궁금했다. 아니, 영화 자체보다 아이들이 말하는 '아빠가 좋아할 만한'이라는 게 어떤 의미인지 몹시 궁금했다.

분명 아이들 머릿속에는 지금까지 보고 들은 것을 바탕으로, '우리 아빠는 이런 사람'이라고 생각하는, 나를 대변하는 이미지가 있었을 것이다. 아이들이 생각하는 아빠로서 내 모습을 확인할 기회니, 당연히 궁금할 수밖에. 배고픔까지 누른 호기심에 끌려 숟가락 대신 핸드폰을 들고 곧장 영화 〈말모이〉를 검색했다.

'일제강점기, 말과 마음을 모은 우리말 사전'

영화 포스터에 적힌 카피 문구가 가장 먼저 눈에 들어왔다. 줄거리를 살펴보니, 우리말이 금지된 일제강점기에 사전을 만들면서 우리말의 소중함을 느끼게 된다는 내용이었다. 포스터와 줄거리를 보니 영화에 관심이 갔다.

잘 기억해 놨다가 몇 주 후에 영화를 봤는데, 재미있고 의미 있게 봤다. 우리말 사전을 만들기 위해 전국에서 사람들을 모으는 모습, 그렇게 모인 사람들의 사투리를 정리하는 모습, 주변의 반대에도 불구하고 소신대로 끝까지 밀어 붙이는 모습이 감동적이었다. 그리고 감사한 마음이 들었다. 목숨을 걸고 우리말을 지키신 분들이 있기에, 지금 우리가 이렇게 마음껏 글을 읽고 쓸 수 있는 게 아니겠는가.

영화를 보고, '애들이 아빠 취향을 잘 알고 있구나' 하는 생각과 함께 애들의 눈에 비친 아빠의 모습이 나름 괜찮다는 생각에 괜히 어깨가 으쓱해졌다. 세 딸은 평소 아빠가 책을 읽고, 글을 쓰는 모습을 꾸준히 봐왔다. 잘못 사용하는 표현을 고쳐 주는 것을 들었다. 그렇게 보고 들은 것이 현재 아빠의 이미지를 형성했으리라.

쉬는 날이면 늦잠을 자는 대신, 아침에 일어나 커피를 내리고 식탁에서 노트북을 열고 글을 쓰거나, 읽고 싶은 책을 읽었다. 지금은 베란다에 작은 서재를 마련해서, 거기서 책을 읽고 글을 쓰지만, 그때는 별도의 공간이 없었다. 그래서 식탁을 주로 이용했다.

밥상머리 교육의 중요성을 알았던 터라 온 가족이 모여 앉아도 충분한 크기의 식탁을 집에 들었는데, TV가 없는 우리 집에서 널찍한 식탁은 다양한 용도로 쓰였다. 가족끼리 이야기를 나누는 담소의 장으로, 보드게임 테이블로,

도서관 책상으로 무한 변신했다. 그리고 식구들이 잠에 취해 있는 시간엔 나만의 서재가 되기도 했다.

휴일 오전이면, 늦잠을 자고 일어난 아이들이 하나둘씩 거실로 나왔다. 포옹으로 아침 인사를 주고받으면서 자연스럽게 아빠가 책을 읽고 글을 쓰는 모습을 지켜봤다. 그러다 숙제 거리나 문제집 따위를 들고 와서는 식탁에 앉았다. 그럴 때 식탁은 공부방 책상이 되었다.

간혹 아이들이 무심코 잘못 쓰는 표현을 바른 표현으로 고쳐 주고는 하는데, 그중에서 가장 대표적인 사례는 무언가를 요청할 때 마무리 짓는 표현이다. 무언가를 부탁할 때, 이왕이면 긍정형으로 물어보라고 말한다. 예를 들어, 아이스크림이 먹고 싶으면, "아이스크림 사 주시면 안 돼요?"가 아니라, "아이스크림 사 주실 수 있으세요?" 하고 가르친다. 사실 전자의 질문이 더 익숙하기 때문에 후자의 질문이 어색하게 느껴질 수 있다. 아이들도 좀 어색하다고 말하긴 한다.

하지만 어떤 질문이냐에 따라 반응하는 생각과 말이 달라진다. 전자의 질문은 안 된다는 말이 귀에 와닿기 때문에 기본적으로 '안 된다'에서 출발한다. 이를 그대로 수용하면, 안 되는 것으로 결론이 난다. 되는 쪽으로 방향을 틀려면 뇌가 생각을 바꾸는 노력을 해야 하는데, 우리 뇌는 생각보다 게을러서 바꾸는 것을 귀찮아한단다. 따라서 긍정형 질문을 통해 뇌가 노력하지 않고 바로 수용할 수 있게 해야 원하는 결과를 수월하게 얻을 수 있다는 것이다. 생활에서 그냥 넘어갈 수 있는 표현이지만, 좋은 게 좋은 거라고 자꾸 바꿔서 말해 보라고 권한다.

'틀리다'와 '다르다'도 마찬가지다. 어차피 의미는 통하는데, 잘못 쓰는 게 뭐가 대수라고 이것 가지고 지적질이냐고 할 수도 있다. 하지만 대수가 될 수 있다. 말이 곧 생각이기 때문이다. 흔히 생각한 것을 말로 표현하지만, 거꾸로 말을 통해 생각이 정립되기도 한다.

다른 것을 '틀리다'라고 표현하면, 내 생각과 다른 타인의 생각이 잘못되었다고 인식하게 된다. 다름을 인정하지 못하게 되는 것이다. 알지 않은가? 고금부터 지금까지 다름을 틀림으로 받아들여 벌어지는, 말도 안 되는 학살과 만행의 역사를. 그래서 사소하다고 그냥 넘기지 않고, 애들이 잘못 사용할 때마다 꼭 고쳐 준다.

그래도 책을 읽고, 글을 쓰고, 말을 고쳐 주는 아빠의 모습이 아이들에게 재미없는 아빠, 귀찮은 아빠가 아니라 꽤 괜찮은 아빠로 받아들여진 것 같아 다행이다.

아이들의 눈에 비친 아빠의 모습을 생각해 본 적이 있는가? 누구나 내 아이들이 나를 이렇게 봐줬으면 하고, 기대하는 모습이 있을 것이다. 그런데 그 모습은 아빠가 만든다. 아이들의 몫이 아니라, 아빠의 몫이다. 아이들에게 해 왔던 말과 행동으로 아빠의 이미지가 결정되는 것이다.

아이들에게 가볍게, '아빠' 하면 무엇이 떠오르는지 물어보자. 만약 아이들이 내뱉은 말이 마음에 든다면, 나름 잘하고 있다고 생각하면 된다. 하지만 전혀 예상치 못한 답이고, 그 대답이 부정적인 쪽에 가깝다면? 아이의 말을 묵직하게 받아들일 필요가 있다.

내가 생각하는 모습과 아이가 말하는 모습 사이의 거리가 너무 멀다고 해서 좌절하거나 포기하지는 말자! 이미지야 얼마든지 바꿀 수 있으니까. 당장 오늘부터 아이가 떠올렸으면 하는 아빠의 이미지를 만들기 위해 노력하면 된다. 어떻게 하냐고? 그건 아이한테 물어봐야지!

2장

오늘도 아빠는
아이에게서 배운다

간섭이냐? 관심이냐?

아이들이 아직 어렸을 때, 한동안 우리의 소원은 통일이 아닌 외식이었을 때가 있었다. 콕 집어 말하면, 여유로운 외식이다. 음식이 코로 들어가는지 입으로 들어가는지 알 수 없는 그런 외식이 아니라, 근사한 분위기 속에서 음식 맛을 오롯이 느낄 수 있는 외식 말이다.

경험해 본 사람은 알겠지만, 어린아이를 데리고 외식하기란 여간 힘든 게 아니다. 식당 선택부터 신중해야 한다. 식당에 비치된 유아용 의자에 앉기 힘든 나이라면, 좌식 자리가 있는 식당에 가는 게 좋다. 그렇지 않으면 누군가는 아이를 업거나 안고 밥을 먹어야 하는 불상사가 발생한다. 식사가 아니라 고문만 실컷 당하다 오는 기분을 느낄 수 있다. 거기다 아이가 울어젖히기라도 하면? 민폐도 그런 민폐가 없다. 한번은 음식을 주문하기도 전에 아이가 너무 심하게 울어, 양해를 구하고 식당에서 그냥 나온 적도 있다.

막내가 아직 돌이 안 되었을 때, 남이 해준 밥을 먹고 싶다는 아내의 말에 온 가족이 출동한 적이 있다. 그때 첫째가 유치원에 다닐 때라 혼자서 먹을 정도는 되었고, 둘째는 좀 챙겨줘야 했지만, 그래도 이 정도면 안정적인 분위기에서 밥을 먹을 수 있겠구나 싶어 나름 과감한 도전에 나선 길이었다.

주차장에 차를 대고, 혼자 식당으로 들어갔다. 좌식 테이블로 빈자리가 있는지 확인하기 위해서였다. 가능하다는 안내를 받고 차로 돌아가 아이들을 챙겨, 다시 식당으로 들어갔다.

음식을 주문하고 얼마 지나지 않아 기본 반찬들이 나오기 시작했다. 한정식집답게 테이블 위가 그릇으로 빼곡하게 들어찼다. 물수건과 메뉴판 따위를 테이블 옆으로 치워도 반찬 놓을 자리가 마땅치 않아 그릇을 겹쳐서 그 위에 얹어놓아야 할 정도였다.

혼자서 밥 먹는 게 서툰 둘째를 위해 반찬 몇 가지와 요리를 덜어 아이 앞으로 밀어줬다. 아내도 막내를 옆에 잘 눕히고, 입에 젖병을 물렸다. 얼추 준비가 끝났다 싶어 수저를 드는데, 맞은편에 앉아 있던 첫째가 눈에 들어왔다. 왼손을 바닥에 대고 삐딱하게 앉아서 밥을 먹고 있었다. 마치 억지로 먹는 것처럼 말이다.

밥상 앞에서 비스듬히 앉아 있는 모습이 좋아 보이지 않아서 "똑바로 앉아서 먹어야지." 하고 한마디 했다. 내 말에 첫째는 "네." 하고 대답하고 자세를 고쳐 앉았지만, 뭔가 불만이 있는 표정이었다. '혹시 동생들만 챙겨줘서 서운했나?'라는 생각에 유심히 살펴봤지만, 그런 기색은 보이지 않았다.

막내가 울음을 터트리는 순간, 정상적인 식사는 불가능할 테니, 기회는 지금이다 싶어 한참 밥 먹는 데 열중했다. 그러다 애들은 잘 먹고 있나 싶어 고개를 들고 살펴보는데, 첫째가 다시 삐딱하게 앉아 있는 모습이 보였다. '뭐지, 지금 반항하는 건가?'라는 생각에 눈살이 찌푸려졌다. "똑바로 앉아서 먹으라니까!" 하고 아까보다 큰 목소리로 단호하게, 무게를 실어 말했다.

첫째는 영 못마땅하다는 듯, 질질 끄는 목소리로 "네…." 하고 대답하며 다시 자세를 바로잡았다. 평소 어른들 말을 잘 듣고 명랑한 아이가 자꾸 이상한 행동을 하니, 의아하다는 생각이 들었다. 아이의 태도가 마음에 걸려서 밥 먹는 모습을 유심히 지켜보는데, 뭔가 이상한 점이 보였다. 밥그릇과 국그릇이 죄다 왼쪽으로 쏠려 있는 게 아닌가? 가만히 보니, 아이의 오른쪽은 반찬 그릇과 물통, 메뉴판, 물수건 따위로 이미 만석이었다.

'아, 그래서 그랬구나! 자세가 삐딱했던, 아니 삐딱할 수밖에 없었던 이유가 있었구나!'

아이 옆에 있던 필요 없는 물건들과 잘 먹지 않는 반찬을 다른 곳으로 치우고, 밥그릇을 가운데로 옮겨줬다. 그제야 아이의 자세가 반듯하게 바뀌었다. 첫째는 한결 편안한 표정으로 맛나게 밥을 먹기 시작했다.

한 번도 아니고, 재차 나무랐을 때 얼마나 서운했을까?

"지금 제 상황이 그럴 수밖에 없다고요!" 하고 투정을 부렸을 법도 한데, 오랜만에 하는 가족 외식을 망치기 싫어 꾹 참았나 보다.

만약 내가 "똑바로 앉아서 먹어야지."가 아니라, "어디 불편하니?" 하고 물어봤다면 어땠을까? 잘못된 부분을 지적하기보다, 그럴 수밖에 없는 이유를 물어봤으면 어땠을까? 그랬다면 아이도 마음이 상하지 않았을 테고, 좀 더 빨리 편하게 밥을 먹을 수 있었을 것이다. 아이 자리에 있는 물건들을 정리하고 밥그릇을 옮기는 데까지 30초도 걸리지 않았으니까.

'간섭'의 눈으로 보면 지적할 것이 먼저 보이지만, '관심'의 눈으로 보면 필요한 것이 먼저 보인다. 내가 첫째에게 "똑바로 앉아서 먹어야지." 하고 말한 건, 간섭의 눈으로 바라봤기 때문이다. '관심'의 눈으로 봤다면, 왜 불편한 자세로 앉아 있는지를 먼저 물었을 것이다.

아이를 바라보는 시선에 따라, 입에서 나오는 말도 달라진다. 뉘앙스가 약간 달라지는 정도가 아니라, 전혀 다른 의도와 무게로 전달된다. 별생각 없이 무심코 던진 말인데, 내 의도와는 달리 아이가 심각하게 받아들일 때도 있다. 이것이 우리가 아이를 간섭이 아닌 관심의 눈으로 바라봐야 하는 이유다.

그렇다면 아이는 부모의 관심을 간섭이 아니라, 순수하게 관심으로 받아들일까? 그렇다면 얼마나 좋겠냐마는, 그렇지 않은 경우가 더 많은 게 현실이다.

지난해에 있었던 일이다. 카페에서 글을 쓰고 있는데, 본의 아니게 옆 테이블에 앉아 있는 손님들의 이야기가 들렸다. 말소리가 컸기도 했고, 딸이 엄마 이야기를 하고 있어서 관심이 그쪽으로 쏠린 탓도 있었다. 20대 중후반으로 보이는 여성은 엄마의 잔소리가 너무 듣기 싫다고 했다. 친구에게 하소연하는 목소리에는 짜증이 한껏 묻어있었다. 정말 진저리 나게 싫은가 보다 할 만큼.

잔소리의 핵심은 이렇다.

엄마는 딸에게 당신이 살아온 대로 살지 않았으면 좋겠다고 얘기하셨다고 한다. 정말 그러지 않기를 바라는 당부의 말이었을 테지만, 딸이 받아들이는 느낌은 달랐다. 알아서 잘 살고 있는데, 왜 그렇게 맨날 잔소리하는지 모르겠단다. 당사자가 아니라서 정확히 알 수는 없지만, 그녀의 얘기를 듣고 미루어 짐작건대 이런 상황이지 않나 싶다.

당신은 아프고 힘들게 살아오셨다. 자식은 그러지 않았

으면 하는 마음이지만, 지켜보니 당신의 전철을 밟고 있다는 생각이 드셨다. 그래서 '이렇게 하지 마라, 저렇게 해라' 알려주셨다. 자식은 당신이 겪은 아픔을 겪지 않았으면 하는 바람에서 말이다. 하지만 그녀는 듣기 싫다고 했다. 왜냐고? "간섭하는 게 정말 싫어!" 그녀가 말한 이유다.

왜 그녀는 엄마의 걱정을 잔소리로 듣고, 그것을 간섭이라고 생각했을까? 자신도 엄연한 성인인데, 아이 취급하는 게 싫었던 모양이다. 그러나 부모의 눈에는 다 큰 자식이라도 철부지 어린애나 다름없어, 하나부터 열까지 모든 것이 걱정되고 불안하다고 한다. 그런 엄마의 마음이 잘 전달되지 않는 것이 안타까웠고, 내가 관심이라 자부했던 말과 행동이 딸아이에겐 간섭으로 들릴 수도 있겠구나 하는 생각에 가슴이 먹먹해졌다.

부모의 관심이 자식에게 간섭으로 치환되는 것은, 어쩌면 평생 풀리지 않을 숙제인지도 모른다. 그래서 어른들이 '나중에 너랑 꼭 닮은 애 낳아서 키워봐라!'라고 악담 아닌 악담을 하셨나 보다. 나 역시 부모님 품에 있을 때를 돌이켜보면, 부모님의 잔소리를 관심의 표현으로 받아들이기보다 간섭으로 여겼다. 자식일 때는 몰랐던 관심을 부모가 되고서야 깨달았다. 그런데 부모가 됐다는 이유로, 내 자식은 잔소리를 간섭이 아니라, 관심과 애정의 표현으로 받아들이길 바라다니 욕심도 많지!

    아이들을 위해서 하루에도 많은 말에 관심을 담는다. 그중에서 몇 마디나 의도대로 전달될는지 모르겠다. 간섭으로 생각해 듣기 싫어하는 아이들을 볼 때면, 울컥 서운한 감정이 올라오기도 하고, 괜히 감정의 골만 깊어질까 고민이 되기도 한다. 그렇다고 아이 귀에 듣기 좋은 말만 해줄 수는 없는 노릇 아닌가. 그저 부모의 걱정과 염려를 한낱 잔소리로 치부하지 말고, 관심의 다른 표현으로 이해해주길 바랄 뿐이다.

행주사건

여느 날처럼 퇴근이 늦은 관계로 혼자서 저녁을 먹었다. 메뉴는 닭볶음탕. 걸쭉한 양념을 밥 위에 한 숟가락 올려서 쓱쓱 비벼 먹으면 기가 막힌다. 요리를 잘하는 아내와 사는 건 축복이라 했던가? 적어도 내게는 맞는 말 같다.

밥때가 지나 몹시 허기가 졌다. 식탐이 발동하여 허겁지겁 먹다가 식탁에 새빨간 양념을 뚝뚝 흘렸다. 이럴 땐 신속한 처리가 관건이다. 알다시피 닭볶음탕 같은 걸쭉한 국물은 시간이 조금만 지나도 굳어서 말라버린다. 그러면 닦아내기 참 힘들다. 잠깐하고 내버려 뒀다간 미세하게 자국의 테두리가 보기 싫게 남아 세제까지 동원해 빡빡 닦아야 한다. 급한 마음에 가까이 있던 둘째에게 부탁했다.

"빛아! 행주 좀 갖다줄래?"

"네!"

씩씩하게 대답한 둘째가 식탁에서 하던 일을 멈추고, 싱크대로 향했다. 그 당시 식탁과 싱크대 거리는 내 양팔을 뻗으면 닿을 정도로 가까웠고, 초등학교 2학년이던 둘째가 일어난 속도면 이미 가져오고도 남을 시간인데, 이상하게 너무 오래 걸렸다.

의아한 생각에 숟가락질을 멈추고 뒤를 돌아보니, 위아래로 점프하며 싱크대 이곳저곳을 둘러보고 있는 아이의 모습이 보였다. 당연, 행주를 찾으려는 거겠지? 나도 눈으로 재빠르게 싱크대 위를 쓱 스캔하는데, 행주가 보이지 않았다. 싱크대 한쪽에 놓인 두루마리 휴지만 눈에 들어왔다.

"거기 휴지 있잖아. 휴지 가져와!"

"네!"

대답은 참 시원시원하게 한다. 살짝 답답한 마음에 아이에게 이렇게 물었다.

"행주가 없으면 휴지를 가져오면 되잖아. 왜 그렇게 행주만 찾고 있어?"

"아빠가 행주 가져오라고 했으니까요!"

아이는 똘망똘망한 두 눈을 깜빡이며, 그걸 질문이라고 하냐는 듯한 표정으로 나를 쳐다봤다. 아, 맞는 말이다. 난 행주를 가져오라고 했지, 행주가 없으면 떨어진 양념을 닦을 수 있는 다른 무언가를 가져오라 하지 않았다.

"국물을 흘렸으니, 행주나 닦을 만한 것 좀 갖다 줄래?"

처음부터 아이에게 이렇게 말했더라면 어땠을까? 아이는 먼저 행주를 찾았을 것이고, 행주가 없으니 싱크대에 있던 휴지를 가지고 왔을 것이다. 휴지마저 없었다면, 그 외에 닦을 만한 무언가를 가져오거나, 정 없으면 닦을만한 게 아무것도 없다고 말했을 것이다.

물론 긴박하거나 마음이 급한 상황에서 이렇게 또박또박 전후 사정을 살피며 말하기란 쉽지 않다. 그러나 문제는 그다지 급하지 않은 상황에서도 별다른 생각 없이 아이에게 질문하고 말한다는 데 있다. 생각할 여지를 주지 않는 꽉 닫힌 말들이 아이의 생각을 가두고 있는지도 모르고 말이다.

일명 행주사건을 계기로 그동안 내가 아이들에게 했던 말을 돌이켜봤다. 대부분의 말이 이래라저래라하지만 않았지 선택의 여지가 없는, 답정너 스타일의 말투였다. 질문이라는 형식만 빌렸을 뿐, 다른 형태의 지시였다는 걸 뒤늦게 깨달았다. '행주 좀 갖다줄래?'처럼 말이다.

그 뒤로 뭔가를 부탁하거나 질문할 때, 스스로 해결책을 고민하도록 질문 스타일을 바꾸기 시작했다. 아이들이 어떻게 할지 물어볼 때도 "우리 딸은 어떻게 하고 싶은데?" 하고 역으로 질문을 던졌다. 명확한 답이 있더라도, 아이가 스스로 생각하고 판단할 수 있게 하기 위해서다.

'결정장애'라는 말이 있다.

어떤 선택을 해야 할 때 망설이기만 하고 결정을 내리지 못하는 상태를 일컫는 말이다. 짜장이냐, 짬뽕이냐? 김치찌개냐, 된장찌개냐? 이런 고민은 누구나 해봤을 것이다. 사실 점심 메뉴 앞에서 머뭇대는 건 좀 짜증이 나긴 해도, 크게 문제 되는 건 없으니 괜찮다. 하지만 진로나 업무상 중요한 결정을 내려야 할 때도 판단을 내리지 못하고 머뭇댄다면, 어떻겠는가?

사회생활을 하다 보면 빠르게 결정해야 하는 순간이 있다. 엎친 데 덮친 격으로 누군가에게 조언을 구하거나 물어볼 여건도 안 된다. '고(go)'를 외칠지 '스톱(stop)'을 외칠지, 순간적으로 판단해야 하는 상황인데도 발만 동동 구르고 있다면? 생각만 해도 아찔하다.

이런 결정장애는 왜 생기는 걸까? 여러 가지 원인이 있겠지만, 부모의 양육방식이 한 가지 원인으로 지목된다. 어렸을 때부터 엄마 아빠가 대신 선택하고 결정해주는 경우가 많다 보니, 어른이 되어서도 중요한 순간에 결정을 내리지 못하는 사람이 늘어나고 있단다. 학교 갈 때 입을 옷부터 가방까지 챙겨주는 부모 밑에서 자란다면, 결정장애가 생기지 않는 게 오히려 이상한 일이지 않을까?

아이가 물에 빠질 것이 걱정이라면, 평생 물가 근처로는 발걸음도 못하게 막는 것이 아니라, 수영하는 법을 가르쳐주는 게 옳다. 아이가 좀 더 나은 선택을 하길 바란다면, A냐 B냐 대신 골라줄 게 아니라, 스스로 생각하는 힘을 길러줘야 한다.

그렇다면 생각하는 힘은 어떻게 길러줄 수 있을까?

우리는 이미 그 답을 알고 있다. 바로 '현명한 질문'이다. 앞서 얘기했듯이, 꽉 막힌 질문은 아이의 생각이 자라는 것을 방해한다.

부모들은 급한 마음에, 질문의 폭을 좁힐 때가 있다. 내가 '닦을 것'이 아닌 '행주'로 명명한 것처럼 말이다. 질문의 폭이 좁으면, 질문을 받는 사람은 대안을 찾기 어렵다. 일방적인 주입식 교육의 한 단면이라고나 할까?

아이들은 충분히 더 많은 대안을 찾고 제안할 수 있다. 기다려주지 못하는 부모의 짧은 인내가 아이들에게 생각할 시간을 빼앗고 있을 뿐이다. 애들이라 아무것도 모르는 게 아니라, 아무것도 모른다고 단정 짓기 때문에 그렇게 된다. 아이들의 생각 근육을 단련시키기 위해, 오늘부터라도 질문하는 연습을 해 보는 게 어떨까?

마음 저울 균형 잡기

'내 아이는 내가 잘 알아.'

부모들이 흔히 하는 착각이다. 아이러니하게도 사이가 좋을수록 더 착각하기 쉽다. 표정만 봐도 안다고 생각하지만, 그게 함정이다. 다 알고 있다는 착각에 빠지는 함정. 아내도 나도 종종 빠지곤 하는 이 함정 때문에 크게 홍역을 치른 적이 있으니, 몇 해 전에 있었던 일이다.

저녁을 먹고, 후식으로 과일을 먹고 있는데, 갑자기 아내가 맞은편에 앉아 있던 둘째를 공개적으로 칭찬했.

"여보, 있잖아. 우리 빛이는 엄마 말도 잘 듣고 심부름도 너무 잘 한다~ 그치?"

갑자기 왜 그래?"

아내는 첫째와 막내를 쓱 한 번 쳐다보고 말을 이어 갔다.

"쟤네들은 뭐 시키면 투덜투덜하잖아. 그리고 아까 낮에 환희 언닌 공부하고 있었고, 사랑이는 피아노 치고 있었으니까 너한테 시켰지."

"언니랑 사랑이가 핸드폰만 보고 있고, 아무것도 안 하고 있을 때도 나만 심부름시켰잖아요! 공부하고 있을 때도 불러서 시켜놓고는…."

둘째는 말하다 말고, 엉엉 소리 내어 서럽게 울었다. 아내는 '헐' 하는 표정으로 나를 쳐다봤다. 어떻게 좀 해보라는 사인이었지만, 나도 당혹스럽기는 매한가지였다. 그렇게 한참을 울던 둘째가 어느 정도 진정되고 나서야 진지한 대화가 시작되었다.

둘째는 자기가 공부하고 있을 때나 다른 일을 하고 있을 때, 묻지도 않고 자기한테 심부름을 시키는 게 정말 싫었단다. 그래도 꼭 필요해서 불렀거니 해서 나왔는데, 언니는 소파에서 핸드폰을 하고 있고 동생은 뒹굴뒹굴하고 있는 걸 보는 순간, '뭐지?'라는 생각이 들었던 모양이다. 서운한 마음이 쓰나미처럼 밀려왔던 거다.

둘째의 속마음을 들은 아내는 뒤통수를 한 대 얻어 맞은 표정으로 멍하니 아이를 봤다. 항상 씩씩하게 대답하고, 싫어하는 내색도 없어 좋아서 하는 건 줄 알았는데, 그게 아니었다니. 정신을 추스른 아내가 억울한 마음에 물었다.

"아니, 그러면 공부하고 있다 말을 하지. 왜 말을 안 했어?"

"시키는데 어떻게 안 해요? 그리고 시킬 사람이 나밖에 없다는 것도 아는데 어떻게 안 해요?"

이번엔 나 역시 뒤통수에 스매싱을 한 방 얻어맞은 것처럼 골이 띵했다. 둘째의 항변에 아내의 눈이 조금씩 충혈되기 시작했다. 모르긴 몰라도 천사의 속은 이미 썩어 문드러졌을 거란 어느 어르신의 말이 떠올랐다. 착하게 사는 것이 그만큼 어렵다는 뜻이겠지.

둘째의 입에서 그동안 쌓인 억울함과 속상함이 봇물 터지듯 흘러나오는 순간, 터질 게 터졌다는 생각이 들었다. 계속 참기만 했으니, 그간의 서운한 마음이 오죽할까.

얼마 전에 넷플릭스에서 방영한 〈D.P.〉라는 드라마가 있었다. 탈영병을 잡는 군인을 소재로 다룬 드라마다. 실제로 탈영하는 데는 다양한 이유가 있겠지만, 드라마에서 주로 다룬 케이스는 군대 내 괴롭힘이었다. 선임의 괴롭힘을 견디다 못해 탈영하고, 결국 자신을 괴롭힌 사람을 찾아가 복수를 한다. 꾹꾹 눌러왔던 마음이 터지면서 자신을 괴롭혔던 사람과 똑같은 괴물로 변하는 것이다.

누구나 분노의 임계점이 있고, 그 임계점을 넘어가면 '펑' 하고 폭발하게 된다. 문제는 오래 묵을수록 폭발의 영향력과 후유증이 상당하다는 거다. 다행히 이번 사건은 완전한 폭발이 아니었고, 전초전쯤 되었기 때문에 후유증도 덜했다.

만약 둘째가 제대로 폭발해서 앞으로는 아무것도 안 하겠다고 대들었다면 어땠을까? "그랬구나, 우리 빛이가 하기 싫었구나." 하고 이해하고 넘어갔을까? 당황스러운 마음과 부모로서 권위를 지켜야 한다는 생각에, 버릇없이 말한다고 아이를 질책했을지도 모를 일이다. 최악의 경우 정말 걷잡을 수 없는 상황으로 치달았을 수도 있었다. 그 전에 둘째의 속마음을 알 수 있게 되어서 얼마나 감사한 일인지.

직장이나 이웃 사이에서도 그렇지만, 집에서도 그렇다. 편한 사람에게 더 자주 부탁하고, 시키게 된다. 받아주니, 또다시 찾는다. 거절하지도, 짜증 내지도 않고 흔쾌히 부탁을 들어주니까. 그러나 집안일이나 심부름을 기꺼운 마음으로 하는 사람이 몇이나 될까? 이 당연한 진리를 당장의 편리 앞에서 잊어버린다.

더 큰 문제는 서운하고 억울한 감정이 부모에게서 끝나지 않고, 다른 형제로 번지는 것이다. 시켜도 하지 않는 형제를 보며 '왜 나만 고생하지?'라는 원망의 마음이 들기 시작하면, 남보다 못한 사이가 되는 건 당연지사다.

둘째의 폭발 이후 작은 일이라도 최대한 공평하게 배분하려고 노력했다. 식사 시간에도 누군가가 냉장고에서 반찬을 꺼내면, 다른 누군가는 밥을 떠서 각자의 자리에 올려놓는다. 밥을 다 먹으면 다른 사람이 식탁을 정리한다. 그렇게 자기 몫을 공평하게 나누니, 누구는 하고 누구는 안 하네 하는 소음이 없어졌다.

요즘 들어, 고등학생인 첫째가 이것저것 바쁜 관계로 집안일에서 열외를 시켜줄 때가 가끔 있다. 그럴 땐 둘째와 셋째가 서운하지 않게 나름의 조치를 한다. 왜 언니는 쓰레기를 버리러 안 나가냐는 불만은, 편의점에 가서 두 아이가 원하는 걸 사 주는 걸로 해결한다. 조금이라도 더한 몫에 대한 작은 보상을 주는 것이다.

부모도 사람인지라 매사에 공평할 수는 없다.
마음의 저울이 조금씩 기울어지기 때문이다. 열 손가락 깨물어서 안 아픈 손가락이 없다고는 하나, 아픔의 차이는 난다. 거기에 더해, 아이들이 느끼는 체감도 다르다. 더 해준 것 같은데 느끼지 못할 때도 있고, 못 해준 것 같은데 많이 받았다고 느낄 때도 있다. 그럼 어떻게 하냐고? 방법은 있다. 최소화하는 노력이다. 그건 할 수 있다. 평소에 아이들이 원하는 소소한 것을 잘 기억해두었다가, 히든카드처럼 써먹으면 된다. 그러면 생각보다 수월하게 풀어갈 수 있다.

마음의 저울이 기울여지지 않게 잘 살피는 것도, 부모가 되는 과정이라는 것을 깨닫는다. 왜 이리 새로 깨닫고 배우는 것들이 많은지. 부모가 되는 과정은 평생 숙제라는 생각이 든다.

나에게 거는 주문

"아빠는 우리 딸을 사랑한다."
"아빠는 우리 딸을 사랑한다."
"아빠는…."

어떤 상황에서 되뇌는 말일까?

잠든 아이의 머리맡에서 속삭일 때? 아니면 너무 사랑스러워서 꼭 안아줄 때? 시도 때도 없이? 전부 아니다. 물론 그런 상황에서도 이 말을 쓸 수 있겠지만, 내가 제일 많이 사용할 때는 아이를 혼낼 때다.

의외인데 싶겠지만, 아이를 혼낼 때도 사랑은 필요하다. 분명 아이를 사랑하니까, 아이가 잘되라고 혼을 내는 건데

간혹 부모의 화풀이로 보이는 경우가 있다. 다른 일로 기분이 상했어도, 아이를 훈육할 때만큼은 객관적인 태도를 유지해야 하는데, 말처럼 쉽지가 않다. 그래서 아이를 혼낼 때마다 이렇게 주문을 건다.

"아빠는 우리 딸을 사랑한다. 아빠는 우리 딸을 사랑한다…."

아이를 혼내는 동안 아이의 눈을 응시하면서 이 말을 주문처럼 되뇌는 것은, 사랑의 마음으로 이야기하고 있다는 것을 아이에게 최대한 전달하기 위해서다.

딸들에게 직접 물어본 적은 없어서, 그런 내 마음이 잘 전달되었는지는 모르겠다. 그러나 주문에 효과가 있는 것만은 확실하다. 적어도 내 감정을 아이에게 쏟아붓지 않게 만들어주니까. 화를 내는 일도 자연스럽게 줄어들었다. 사랑한다는 말을 계속 되뇌는데, 화가 오래 갈 리가 있나?

역시 사랑의 힘은 위대하다.

부모가 아이를 혼내는 이유는 다양하다.

밥을 잘 먹지 않아서, 핸드폰만 붙들고 있어서, 형제끼리 싸워서, 떼를 쓰고 고집을 부려서…. 이런 갖가지 이유 중에서 아이가 유달리 크게 혼나는 이유는 따로 있다. 바로 부모의 말에 따르지 않을 때다. 잘못된 습관이나 행동을 고쳐 줄 때보다 시키는 대로 하지 않을 때 더 크게 꾸짖는다. 왜 그럴까? 감정적으로 용납이 안 되기 때문이다.

왜 부모의 말에 따를 수 없는지, 왜 자기주장을 굽히지 않는지 사려 깊게 물을 수도 있건만, 부모의 말에 반기를 들었다는 괘씸죄가 성립되어 '말을 듣지 않는 아이'로 낙인찍는다. 한마디로 '부모에게 순종하지 않는 아이'가 되어 버리는 거다.

큰딸은 물건을 쓰고 난 다음 제자리에 갖다 놓는 걸 종종 잊곤 한다. 여러 번 얘기해도, 잘 고쳐지지 않는다. 일부러 그러는 건 아닌 것 같은데, 그냥 신경을 쓰지 않는다고 해야 하나?

늦잠을 잔 어느 날 급히 샤워를 하고 나왔는데, 드라이어가 보이지 않았다. 안 그래도 정신없는 와중에 드라이어까지 보이지 않으니, 순간적으로 짜증이 치밀어올라 복식호흡으로 소리쳤다.

"드라이어 누가 가져갔어!"

집 안을 쩌렁쩌렁 울리는 목소리에 화들짝 놀란 아내가 달려왔다.

"왜? 무슨 일인데?"

"드라이어가 없잖아. 환희가 또 가져갔지?"

난 당연하다는 듯 따져 물었다. 왜 제자리에 갖다 놓으라고 얘기하지 않았냐는 무언의 불만을 얹어서. 화가 난 내 얼굴을 물끄러미 쳐다본 아내는, 이내 화장대 한쪽을 가리키며 말했다.

"저기 있잖아."

아내의 손가락을 따라가 보니, 수건 사이로 꼬리만 살짝 내민 드라이어가 보였다.

"어? 왜 아까는 안 보였지?"

"잘 좀 봐! 가만 보면 환희랑 참 비슷해."

때마침 무언가를 가지러 안방에 들어온 첫째가 그 말을 듣고는 한마디를 던졌다.

"내가 왜요?"

"잘 찾아보지도 않고, 없다고 하는 거. 그게 똑같다고."

아내의 말에 뻘쭘해진 난, 첫째에게 잔소리를 했다.

"드라이어 쓰고 자꾸 거실 식탁에 놔두니까 그렇잖아.

맨날 깜박하지 말고, 쓰면 제자리에 갖다 둬. 알았지?"

물건을 찾으러 왔다가 아침부터 괜히 한 소리를 들은 첫째의 얼굴에 억울한 기색이 스쳐 지나갔다. 잠시 입술을 달싹이던 아이는 "네." 하고 짧게 대답하곤 방을 나갔다.

그 모습이 괜스레 찜찜했다. 타이밍이 안 좋았다고나 할까? 첫째의 표정은 분명 말하고 싶은 게 있는데, 그냥 목구멍으로 넘긴 것처럼 보였다. 어쩌면 단순히 깜박한 게 아니라 뭔가 다른 이유가 있을지도 모른다는 생각이 들었다.

별거 아닌 해프닝이지만, 그 뒤로 며칠을 딸아이와 어색하게 지냈다. 잘 찾아보지 않고 버럭 고함친 나를, 왜 그랬는지 물어보지 않고 단정 지어 말한 나를, 자책할 수밖에. 시간이 지나고, 왜 드라이어를 안방 화장대에 갖다 놓지 않고 자꾸 식탁에 두는지를 물었다. 첫째는 늦은 시간에 안방을 들락날락하는 게 신경 쓰여서 식탁에 그냥 두었다고 했다. 역시, 나름의 이유가 있었구나!

아이를 자꾸 다그치면, 어느 순간 입을 다물고, 삐뚤어질 태세를 취한다. 말을 해도 소용이 없고, 되려 혼나기만 하니까 말할 필요는 느끼지 못하는 것이다. 그렇게 아이와의 대화가 단절된다. 한번 단절된 대화의 통로를 다시 잇기란 끊어진 철길을 연결하는 것보다 어렵다.

  누군가 내게 부모로서 가장 힘든 점이 뭐냐고 묻는다면, 먹여 살려야 한다는 책임감보다 말하고 싶은 걸 참아야 하는 거라고 대답할 것 같다. 화가 나도 참아야 하고, 말하고 싶은 게 있어도 참아야 한다. 그렇다고 오해하지 말기를 바란다. 무조건 참으라는 말이 아니다. 훅하고 올라오는 열기를 그대로 뿜어내면 안 된다는 말이다.

  서로 감정이 격해졌을 때는, 감정의 부딪침밖에 일어나지 않는다. 아무리 좋은 말이라도 상대에게 상처가 될 뿐이다. 부모도 그렇고, 아이도 그렇다. 부모의 말에 아이가 상처 입듯이, 부모도 아이의 말에 똑같이 상처 입으니까.

  그러니 울컥한 감정이 올라오는 그 순간의 고비를 잘 넘겨야 한다. 나처럼 '아빠는 우리 딸을 사랑한다'라는 주문을 외워도 좋고, 잠시 자리를 피해도 좋다. 그리고 적당한 때를 기다리는 거다. 그때가 언제냐고? 다시 마주 앉아 자연스럽게 그때의 상황을 얘기할 수 있을 때, 지금 하는 말을 상대가 받아들일 수 있겠다 싶을 때, 그때가 적당한 순간이다.

"그때는 아빠가 예민하게 반응했지? 아빠가 잘못했어. 인정!"

"…."

"그런데 아빠랑 얘기하고 있는데, 문을 쾅 닫고 들어간 건 너도 잘못했다고 생각하지?"

"네…."

"앞으로는 아무리 화나도 문 닫고 들어가 버리기 없기다. 또 그럼 아빠도 그냥 들어가 버릴 거야."

"그러면 제 말도 끝까지 들어주세요."

"오케이, 약속할게."

그러면서 둘째를 쳐다봤다. 아이가 기뻐하는 모습을 내심 기대하면서 말이다.

우리 집에서 둘째는 천진난만하고, 말을 잘 듣는 아이로 포지셔닝 되어 있었다. 그래서 심부름시킬 일이 있으면 둘째를 제일 먼저 찾았다. "빛아~" 하고 부르면 언제 어디서나 "네!" 하고 씩씩하게 나타났으니까. 심부름을 즐기는 아이처럼.

그런데 둘째의 표정이 이상했다. 평소 같으면, 엄마의 칭찬에 동그란 눈을 더 크게 뜨며 '아빠 나 잘했죠?'라는 표정으로 아빠의 폭풍칭찬을 바랐을 아이건만, 그날은 달랐다. 먹던 과일을 조용히 내려놓는 둘째의 입술은 앙다문 채였고, 눈망울은 가득 차오른 눈물로 일렁거렸다. 그 모습에 당황한 아내가 아이에게 물었다.

"갑자기 왜 울어?"

"왜 맨날 나만 시켜요?"

"왜긴? 엄마가 불렀는데, 네가 나와서 도와줬잖아."

"환희 언니랑 사랑이가 있을 때도, 나만 시키잖아요!"

"내가 언제 너만 시켰니? 엄마가 부르면 네가 제일 먼저 달려 나왔으니까 그랬지. 투정 한 번 없이 잘 도와줬으면서

악마가 씐 흑역사

내 안에 악마가 들어왔다.

그렇게 믿고 싶다. 그렇지 않으면 설명이 되지 않는다. 몇 번을 다시 생각해도, 나조차 이해가 안 되는 상황이었으니까. 그날 밤 일은 내 기억에서는 물론, 가족들의 기억에서도 지우고 싶은 흑역사다. 지금도 그때를 생각하면 얼굴이 화끈거린다. 그래도 내게 큰 교훈을 준 사건이기에 부끄럽지만 그날 밤 일을 솔직하게 털어놓을까 한다.

술 한잔을 마시고, 기분 좋게 집으로 들어왔다. 다른 집 애들은 어떤지 몰라도, 우리 집 애들은 아빠가 술을 마시고 들어오는 걸 좋아한다. 만취한 날은 얌전히 방으로 들어가 곯아떨어지는 것으로 끝. 절대 아이들을 귀찮게 굴지 않는다. 얼큰하게 취한 날엔 알코올의 힘을 빌려 통이 큰 아빠로 변신한다. 아이들이 먹고 싶다는 걸 다 사 주는 건 물론이요, 지갑에서 손에 잡히는 대로 돈을 꺼내 용돈도 준다. 다음 날 홀쭉한 지갑을 붙들고 '술 탓이요! 내 탓이요!' 후회를 해봐야 뭐할까, 이미 버스는 지나간 상태인데. 어차피 애들 주는 건데 아까울 게 무어냐며 쓰린 속을 위로할 뿐이다. 문제는 이런 행동을 계속해서 반복한다는 것이다. 아, 그래서 애들이 좋아했구나?

그날도 기대에 찬 눈빛으로 현관까지 달려 나온 아이들을 꼭 안아주고, 물을 마시러 주방으로 갔다. 컵을 집어 드는데, 식탁에 놓인 커다란 유리 접시가 눈에 띄었다. 평소에는 서랍장 깊숙이 있다가 손님이 왔을 때나, 많은 양의 음식을 담아야 할 때만 나오는 접시였다. 접시 위엔 꼬마김밥 몇 줄이 가지런히 놓여있었다. 이게 뭐냐고 아내에게 물어보니, 아이들한테 저녁밥을 주고 남은 거라고 했다.

출출하던 차에 잘됐다 싶어 김밥 하나를 집어 먹었다. 오, 맛이 제법 괜찮았다. 특별한 재료가 들어간 것 같지는 않은데, 고소한 맛이 감도는 것이 입에 착 달라붙었다. 어느새 내 옆으로 쪼르르 붙은 아이들도, 맛있지 않냐고 대답을 재촉했다. 마치 엄마한테 '아빠도 맛있다고 하잖아요. 그러니까 또 해줘요!'라는 무언의 압박을 주듯이 말이다. 빤히 보이는 아이들의 꿍꿍이가 귀여워서 "와! 진짜 맛있다. 이거 누가 한 거야?" 하고 호들갑을 떨었다.

"엄마요! 진짜 맛있죠?"

나와 아이들이 말하는 걸 들은 아내의 얼굴에는, 숨기려고 해도 숨겨지지는 기쁨이 삐죽삐죽 새어 나왔다. 아이들과 난 '됐다! 조만간 다시 꼬마김밥을 먹을 수 있겠구나.'라는 사인을 눈으로 주고받으며 웃었다.

아이들의 조잘대는 이야기를 들으며, 하나둘씩 집어 먹다 보니, 몇 줄 되지 않던 김밥이 몽땅 사라졌다. 슬슬 방으로 들어갈까 해서 자리에서 일어서는데, 오늘 할 일은 다 했냐며, 둘째를 야단치는 아내의 목소리가 나를 다시 주저앉혔다. 둘째는 이렇다 저렇다 대답하다가 뭐가 그리 서러웠는지, 눈물을 뚝뚝 흘리기 시작했다. 평소 걸핏하면 우는 둘째를 못마땅하게 여겼던 아내는, 이참에 그 버릇을 고치기로 마음먹었는지, 이게 울 일이냐며 아이를 더 세게 다그쳤다.

"그만해!"

나도 모르게 아내에게 버럭 소리를 질렀다. 아이에게 윽박지르는 아내가 못마땅했다. 울 수도 있지, 그게 뭐 큰일이라고 애를 잡냐며 아내에게 쏘아붙였다. 아이 앞에서 그럴 일이 아니었는데도 말이다. 당황한 아내는 나를 뚫어지게 쳐다보며, 왜 둘째 눈물에 유독 예민하게 반응하냐고 따져 물었다. 그렇게 둘째를 사이를 두고, 고성이 오가기 시작했다.

좋았던 기분이 급격히 수직 낙하하면서, 부아가 치밀어 올랐다. 그때 무슨 얄궂은 운명인지 장난인지 눈앞에 텅 빈 접시가 보였다. 꼬마김밥이 담겨있던 접시, 아이들과 함께 엄마를 칭찬하던 접시, 다시 담길 꼬마 김밥을 기대하게 만들었던 그 접시 말이다. 뭐에 홀린 듯이 접시를 집어 들었다. 이유는 없었다. 그냥 보였고, 그냥 들었다.

그런 내 모습을 본 아내는, 접시를 던지면 가만있지 않겠다고 선전포고를 했다. 그 말이 나를 더 자극했음은 부인할 수 없다.

'내가 못 던질 줄 알고?'

그 순간 내 안에 악마가 속삭였다.

'뭐해? 네가 절대 못할 거로 생각하잖아? 어디 한번 제대로 보여주라고!'

술기운이 더해진 탓일까? 내 안에 악마가 들어왔음이 틀림없는, 그 일이 벌어지고야 말았다. 기어코 접시를 집어 던진 것이다. 운 나쁘게도 접시는 식탁에 있던 아내의 핸드폰 위로 정확히 떨어졌다. 접시는 산산조각이 났고, 핸드폰 액정에는 거미줄처럼 금이 쫙쫙 갔다. 아차 싶었지만, 되돌리긴 틀린 상태였다.

요란한 소리에 둘째는 물론, 셋째까지 큰 소리로 울기 시작했고, 방에 있던 첫째도 놀라 뛰쳐나왔다. 이렇게까지 감정이 부딪치는 상황은 결혼하고 17년 만에 처음이었다. 아내는 울먹이며 집을 나가겠노라 외친 후 안방으로 향했다. 혼이 나가 있던 나는 얼른 아내를 따라 들어가, 장롱문을 열고 옷가지를 챙기는 아내의 손을 꼭 부여잡았다. 나를 바라보는 아내의 눈에는 억울함과 서운함과 섭섭함과 미움이 가득차 있었다. 그 순간 후회가 물밀듯이 밀려왔다.

'내가 무슨 짓을 한 거지?'

말도 안 되는 잘못을 저질렀다는 것을, 머리에서 느껴지는 찌릿함과 가슴에서 올라오는 먹먹함으로 깨달았다. 집을 나가겠다고 고집부리는 아내를 막아서며, 미안하다고 다시는 이런 일이 없을 거라고 진심으로 사과했다. 그리고 내가 그런 못난 행동을 보인 것에 대한 해명 아닌 해명을 했다.

'요즘 회사 일로 극심한 스트레스를 받고 있는데, 그게 계속 쌓여있다가 폭발한 것 같다. 이런 식으로 표출한 건 백퍼센트 내 잘못이다. 제발 용서해달라'는 변명을 구구절절 늘어놓았다. 다행히 아내는 나의 사과와 해명을 받아주었다. 어느 포인트에서 먹힌 건지는 모르겠지만, 다행히 벌인 일에 비해 가볍게 해결되는 느낌이었다.

그런데 아내가 말했다.

"애들은 어떡해?"

아내는 내 얘기를 듣고, 내 행동을 용서하기로 했지만, 애들은 어떡하냐며 걱정했다. 나 역시 아이들이 받았을 충격이 심히 염려되었다. 두려움에 떨고 있을 아이들을 조금이라도 빨리 안심시켜줘야 했다. 바로 아이들을 불러모았다.

"오늘 일은 아빠가 정말 잘못했다."

이유야 어찌 됐든 그런 행동을 한 건 무조건 아빠의 잘못이라고 말했다. 그리고 가장 마음을 졸였을 둘째를 위해 이런 일이 벌어진 건 엄마나 너희들 탓이 절대 아니라고 말했다. 아내도 요즘 아빠가 회사 일로 많이 힘들었다고 말하며, 나를 거들어주었다. 내가 미웠겠지만, 많이 놀랐을 아이들을 도닥여주는 게 먼저라고 생각했으리라.

아이들을 안아주면서 정말 미안하다고, 다신 이런 일이 없을 거라고 거듭해서 말해줬다. 그렇게 일 년 같던 한 시간의 밤을 마무리했다. 며칠이 지나자 정말 다행히도 애들은 그날 밤의 충격에서 벗어난 것처럼 보였다. 식탁에 새겨진 상처를 보고 아내가 놀리면, 모두 웃고 넘어갔으니까. 부디 겉으로 보이는 것처럼, 마음에 새겨진 상처나 기억도 모두 지워졌기를 두 손 모아 기도할 뿐이다.

누군가는 이렇게 물을 수도 있다. 그렇게 강력한 사건을 아이들이 어떻게 쉽게 잊을 수 있냐고 말이다. 또 누군가는 그런 상처는 무의식 속에 평생 남는 법이라고 말한다. 물론 아이들의 마음속을 들여다본 것이 아니기에, 그날의 충격을 깨끗이 잊었다고 장담할 수는 없다. 하지만 아이들이 아빠를 대하는 모습은 그 사건 전과 후로 조금도 달라지지 않았다. 적어도 그건 확실하다. 그날 밤 있었던 일에 불편한 마음이나 불만을 드러낸 적도 없었다.

어떻게 그런 일이 가능하냐고? 내 생각엔, 지금까지 지내온 시간에 대한 믿음이 있기 때문이 아닐까 싶다. 바빠서 자주 놀아주진 못하지만, 적어도 자기 말을 허투루 듣지 않는 아빠. 고민이 있을 땐 함께 고민을 나누고, 어려운 일이 있을 땐 같이 해결책을 찾기 위해 고심하던 아빠. 그런 아빠의 모습이 아이들에겐 잘 이해되지 않던 그날 밤 아빠의 행동을 용서하게 도와줬으리라.

한 번의 실수로 여태껏 쌓아온 것이 한순간에 무너질 수 있다. 그러나 오랜 시간 신뢰로 단단하게 쌓아온 관계는 한 번의 실수로 쉽게 무너지지 않는다. 단 한 번의 실수에 무너지는 관계는, 긴 시간 믿음으로 다져진 관계가 아니기 때문이지, 실수의 크기나 무게 때문이 아니다.

행복한 가정의 모습을 떠올리면, 대부분 아무런 다툼이 없는 가정을 생각한다. 평화로운 가정을 행복한 가정으로 여기는 것은 당연하다. 하지만 행복한 가정이 항상 평화로운 것은 아니다. 평화로운 상태가 단순히 다툼이 없는 상태로 정의되면, 곤란하다. 서로를 배려하면 다툼이 생길 가능성이 작지만, 서로 부딪히지 않아도 다툼이 거의 생기지 않기 때문이다.

　서로 부딪히지 않는다는 것은, 한 공간에 있지만 각자 따로 생활하는 것이다. 한집에 같이 있지만, 누군가는 핸드폰을 보고 누군가는 TV를 본다. 다른 누군가는 방문을 닫고 혼자서 무언가를 한다. 밥도 따로 먹고, 대화를 나눌 일도 없다. 당연히 다툴 일이 적어질 수밖에 없다. 하지만 이 모습을 보고 평화롭다고 말하지 않는다. 행복한 가정이라고 말하지도 않는다.

　가족끼리 불편한 상황이 생겼을 때 어떻게 해결하는가? 나만 참으면 별일 없으니, 그냥 참고 넘어간다는 사람도 많을 것이다. 그러나 그렇게 흐지부지 넘어가면, 그 당시는 평화로울지 몰라도 시간이 지날수록 불편한 마음이 커질 수밖에 없다. 점점 대화가 사라지고, 함께 하는 시간도 줄어들게 된다. 불편하니 한자리에 있는 것조차 답답하게 느껴진다. 점점 남이 되어가는 것이다.

서로 다툰다는 것은 의견이 부딪힌다는 의미다. 한솥밥을 먹어도 각자 생각이 다른 법인데, 논쟁이 벌어지는 거야 당연하다. 그 논쟁이 다툼이 되어 한동안 말을 하지 않고 지내기도 한다. 이런 장면은 행복한 가정이든, 그렇지 못한 가정이든 여느 가정에서 볼 수 있는 익숙한 풍경일 것이다. 그러나 행복한 가정의 경우 다른 것이 하나 있다.

행복한 가정은, 갈등 상황을 오랜 시간 지속하지 않는다. 식구들이 한자리에 모여 무엇 때문에 마음이 상했는지, 왜 기분이 나빴는지 터놓고 얘기한다. 대화를 통해 자신의 잘못을 사과하고, 다음부터 주의할 것을 약속한다. 그렇게 서로의 의견을 나누고, 화해하고, 관계를 회복한다. 이런 과정이 반복될수록 서로를 잘 이해하게 되고, 더 배려하게 된다. 그렇게 사랑하는 방법을 함께 배워나가는 가정이야말로 진정 행복한 가정이라 믿는다.

잘한다 잘한다 하면 정말 잘한다

"아빠, 다녀오셨어요!"

요즘 들어 도어록 비밀번호를 누를 때면, 문득문득 아이들의 어릴 적 모습이 떠오르곤 한다. 현관으로 달려 나올 때 나던 다다닥거리는 발소리, 서로 먼저 뽀뽀하겠다고 아옹다옹 싸우던 목소리.

아이들이 자라서 편해진 건 있지만, 종종 그때의 달콤함이 그리울 때가 있다. 지금도 아이들이 반갑게 맞아주지만, 호들갑스럽던 예전과 사뭇 다른 모습에 섭섭한 마음이 드는 건 어쩔 수 없다. 첫째는 고등학생이 됐다고 멋쩍어서 그런지, 안길 때도 어깨 쪽을 들이민다. "어허, 똑바로 해야지!"라고 말하면, 그제야 못 이기는 척 몸을 살짝 돌린다.

사실 포옹이라고 말하기 어색한, 그냥 손뼉이 마주친 느낌 정도의 인사다.

어찌 됐든 간에, 아이들이 커도 우리 가족만의 루틴을 지키기 위해 노력하는 데는 나름의 이유가 있다. 아빠와 딸이라는 관계를 주민등록상으로만 증명하는 것이 아니라, 생활에서도 증명하고 유지하고 싶은 마음이랄까?

첫째가 여섯 살, 둘째가 세 살 때의 일이다.

지방 출장을 갔다 돌아온 길이었다. 어김없이 두 아이가 다다닥 소리를 내며 달려와 나에게 달려들었다. 큰아이를 오른팔로, 작은아이를 왼팔로 안아 들고 거실로 들어갔다. 뽀뽀 인사도 잊지 않고 해줬다. 그렇게 잠시 재회의 기쁨을 나누고 나면, 아빠는 관심 밖으로 밀려난다. 원래 자기가 하던 일에 집중하느라 바쁘니까.

그런데 그날은 달랐다. 둘째가 보여주고 싶은 게 있는지 나를 거실 테이블로 잡아끌었다. 그럴 때 아이들은 잡히는 대로 붙들고, 자기가 가고자 하는 방향으로 잡아당긴다. 당기는 세기가 곧 자신감의 세기라 할 수 있다.

거실 테이블 위에는 종이와 크레파스 따위가 널브러져

있었다. 둘째가 그 안에서 그림 한 장을 뽑아 들고는 내 앞에 펼쳤다. 그러고는 해맑은 표정으로 커다란 눈을 깜빡이며, 내 반응을 재촉했다. 그 제스처를 해석하면 이렇다.

'아빠? 뭐 하세요? 이걸 보고 그냥 있을 수 있어요? 뭐라고 말해줘야죠. 예? 얼른요!'

뭐라고 말해야 좋을지 잠시 고민했다.

"와! 이걸 우리 빛이가 그린 거야? 대단한데?"

엄지척과 함께 최대한 놀란 표정을 지으며, 둘째를 번쩍 들어 올렸다. 아이는 빠진 앞니를 드러내며 깔깔 웃어젖혔다. 한참을 빙빙 돌려준 다음 둘째를 바닥에 내려놓았는데, 옆에 있는 첫째의 표정이 이상했다.

'왜, 그러지?'

조금 전만 해도 기분 좋게 안겨 인사하던 아이가 갑자기 시무룩해지다니. 왜 그런지 재빨리 기억을 되짚어봤다.

'들어올 때 분명 둘 다 안아주면서 인사했지. 둘째가 나를 끌고 가서 그림을 보여줬어. 잘했다고 칭찬해줬지. 그런데 첫째 얼굴이 왜 울상일까? 뭐지? 뭐가 잘못된 거지? 아! 알겠다!'

재빨리 둘째에게 말했다.

"이거 언니가 가르쳐줘서 그린 거지? 언니가 도와준 거 맞지?"

"네! 내가 가르쳐주고 색칠도 도와줬어요!"

첫째는 기다렸다는 듯이 대답을 가로챘다.

'그래! 역시, 이거였어!'

"어쩐지~ 어쩐지~ 역시! 언니가 도와줘서 이렇게 잘한 거구나? 그런 거 같더라. 딱 보니까 빛이 혼자 한 게 아닌 것 같더라고. 자! 우리 환희도 안아보자."

첫째도 둘째와 마찬가지로 번쩍 들어 올려서 안아줬다. 그제야 첫째 얼굴이 환해졌다.

어디선가 스트레스 정도를 조사한 연구 결과를 본 적이 있는데, 1위가 배우자가 죽었을 때고, 2위가 동생이 태어날 때라고 나와 있어 매우 놀랐던 기억이 있다. 동생이 태어난다는 사실이 그렇게나 스트레스가 될지 몰랐기 때문이다. 형제가 생겨서 좋을 줄만 알았는데, 스트레스라니! 자신이 독차지하던 사랑이 나눠진다는 것을 본능적으로 느껴서 그렇다고 한다.

이미 그런 스트레스를 안겨준 동생에게 칭찬까지 빼앗

긴다는 위협을 느끼면 어떨까? 동생이 예뻐 보일까? 자신이 마땅히 받아야 할 칭찬을 못 받고 있다 느낄 것이고, 그 분노의 화살은 동생을 향할 것이다. 동생을 돌보기는커녕 해코지나 안 하면 다행인 상황이 펼쳐질 수도 있다.

그렇다면 어떻게 하는 게 좋을까? 큰아이의 눈치를 봐서 대수롭지 않은 일인 양 그냥 넘겨야 할까, 아니면 큰아이가 없을 때를 골라 칭찬을 해줘야 할까? 둘 다 아니다. 작은 아이가 칭찬받을 만한 행동을 했다면, 당연히 그 즉시 칭찬해주는 것이 좋다. 여기서 팁을 하나 주자면, 첫째를 묶어서 칭찬해주라는 거다.

칭찬받을 행동을 하지도 않았는데 칭찬해주라고? 분명 의아하게 생각하는 사람도 있을 것이다. 물론 직접적으로는 그렇다. 그러나 넓게, 간접적으로 보면 작은아이가 하는 모든 행동은 큰아이를 보고 배운 것이다. 두 아이의 나이 차이가 클수록 그 영향력도 더 크다. 그런 관점에서 큰아이의 지분을 인정해주라는 말이다.

어른들도 그렇지 않나? 직접적이진 않지만, 간접적으로나마 도움을 줬는데 몰라준다면 얼마나 서운한가?

"아니, 내가 고맙다는 인사를 바라고 한 건 아니지만…"

이런 말을 한 순간, 바란 거다. 바라지 않았다고 했지만, 뉘앙스에서 이미 서운한 마음이 팍팍 느껴지지 않나? 이왕이면 해줬으면 좋았을 거라는 마음도. 어른도 이런데 아이들은 오죽할까?

칭찬은 고래를 춤추게 한다고 했던가?

내 경험상 정말 맞는 말이다. 둘째가 뭔가를 잘했을 때, 거기에 대한 첫째의 지분을 인정하고 칭찬해주니, 자기 할 일을 더 열심히 하는 모습을 보였다. 동생과 더 잘 놀아준 건 두말하면 잔소리. 이를테면, 이런 식이다.

둘째가 집안일을 돕는 걸 보고, "와! 언니가 하는 거 보고 따라 하는 거구나? 역시 언니가 잘하니까 우리 빛이도 잘하네?" 이렇게 칭찬했더니, 그 뒤로 엄마가 도와달라고 할 때마다 첫째가 가장 먼저 나서더라.

잘한다 잘한다 하면 정말 잘한다. 긍정적인 기대가 좋은 결과를 만들어내는 법이다. 그러니 선(先) 칭찬과 후(後) 칭찬의 힘을 잘 이용해 보시길.

아쉬움은 털어내고

"또 해?"

사람들이 나에게 이렇게 말할 것 같아서, 차마 하지 못한 일이 있다. 아니, 정확히 말해 처음에는 했지만, 나중에는 못 한 일이라고 해야 옳겠다. 어떤 일이냐고? 힌트를 줄 테니, 한번 맞춰보시라.

처음은 매우 거창하고 성대하게 치른다. 두 번째는 조금 간소하게 치르고, 세 번째는…. 세 번째까지 한 사람은 용기 있는 사람이다. 적어도 내 생각엔 그렇다. 자! 이쯤 되면 떠오르는 게 있을 거다. 뭘까? 정답은, 바로 돌잔치.

아이가 둘인 집도 두 번째는 조금 부담스럽다는 얘기를

들었다. 본인 사정이 부담스럽다는 게 아니라, 지인을 초대하는 것이 부담스럽단다. 결혼과 첫째 돌잔치까지 두 번이나 초대장을 썼는데, 또 쓰기 민망하다고. 특히 미혼인 친구라면 더 그렇단다. 마치 빚지는 기분이 든다고.

어쩌다 우리 축하 문화가 이렇게까지 변했을까? 잔치를 벌이는 의미는 함께 축하해주자는 건데, 어느새 초대하고, 참석하는 일 자체가 부담이 되어버렸으니 말이다. 그래서 그런지 요즘 아예 축의금을 받지 않는 경우도 종종 보인다. 부담 없이 와서 축하해주고 가라는 뜻이다. 나도 이런 배포를 베풀 수 있었다면 좋았을 텐데, 그때는 왜 그렇게 마음이 팍팍했는지. 가진 게 너무 많아도 문제라지만, 너무 없어도 문제다. 마음의 여유까지 갉아먹어 버리니 말이다. 어쨌든 아이가 둘인 집도 부담스럽다고 하소연을 하는 판에, 아이가 셋인 나는?

첫째 때는 잘 몰라서 업체가 하라는 대로 다 했다. 백일 사진은 기본이고, 돌까지 주기적으로 아이가 자라는 모습을 찍었다. 일명 성장 사진. 앨범도 최고급에, 액자도 큰 사이즈로 했다. 장식장과 테이블 위에 올려둘 탁상용 액자도 옵션으로 구매했다. 그렇게 사진으로만 백만 원이 훌쩍 넘는 돈을 지출했다. 요즘은 핸드폰으로 찍어도 잘 나오는데 왜 그리 쓸데없는 돈을 지출하나 싶겠지만, 막상 내 일이 되면 생각이 달라진다. 쓸데없이, 아이한테 미안한 마음이 든다. 마치 꼭 해줘야 할 것을 안 해주는 것처럼.

"어머님, 아버님~ 평생 가는 건데요. 아이한테 얼마나 좋은 선물이겠어요?"

업체 쪽 말이 맞다. 물론 좋다, 처음에는. 큰 액자는 벽에 잘 보이게 걸어놓고, 탁상용 액자도 이곳저곳에 배치하고 나면 미소가 절로 흐른다. 손님들이 와서 아이 사진이 너무 잘 나왔다고 한마디라도 하면 어깨도 으쓱해진다. 그러나 딱 거기까지다. 시간이 지나면서, 더 쓸모있는 물건에 밀리고 밀려 어딘가에 처박아 놓게 된다. 이삿날이나 대청소 때 먼지에 뒤덮인 걸 발견하고, "어머, 이 사진이 여기에 있었네!" 하고 외치는 게 끝이다.

첫째 때 웬만한 건 다 해봤더니, 욕심이 사라졌다. 꼭 해줘야 한다는 중압감도 사라졌다. 그 덕분에 둘째는 첫째보다 간소하게 치를 수 있었다. 돌잔치 장소도 근처 무난한 곳으로 하고, 사진도 딱 필요한 정도만 찍었다. 첫째를 낳고 산후조리원에 있을 때, 무료로 아이 사진을 찍어준다는 말에 홀라당 넘어가 백만 원 넘게 지출했던 쓰린 기억을 교훈 삼아, 둘째 때는 정말 최소한의 것만 했다.

그런데 둘째 돌잔치에서 한 친구(첫째 때도 와준 고마운 친구다)가 이런 말을 하는 게 아닌가? "셋째 계획도 있어? 설마 셋째도 돌잔치 하려는 건 아니지?"

계획하지 않았지만, 오묘한 하늘의 섭리(?)로 셋째가 태어났다. 그리고 막내의 돌이 다가올 때쯤 고민이 시작되었다. 친구가 했던 말이 계속 떠올랐기 때문이다. 셋째의 돌을 축하해줘야 한다는 생각보다, 초대받은 사람들이 느낄 부담감이 더 크게 다가왔다. 비록 내색하지 않을지언정, 욕먹을 짓이라는 생각이 강하게 들었다. 현실적인 문제도 걸렸고. 아내와 상의 끝에 아쉽지만 돌잔치는 하지 않기로 했다. 그 대신에 가족사진만 찍었다.

어느 날 막내가 물었다.
"아빠, 아빠! 나 돌잔치 할 때 뭐 잡았어요?"
"어? 어… 왜?"
"환희 언니는 묵주 잡았다고 하고, 빛이 언니는 마이크

잡았다고 하는데, 나는 뭐 집었는지 궁금해서요."

아뿔싸! 예상치 못한 질문에 등줄기에서 식은땀이 흘렀다. 돌잔치를 안 해서 돌잡이도 안 했다는 말이 차마 입 밖으로 나오지 않았다.

'사랑아! 아빠가 미안해.'

속으로 미안한 마음을 전하며, 대충 연필을 잡았다고 둘러댔다. 문제는 이런 질문이 한 번으로 끝나지 않았다는 것. 지금은 묻지 않지만, 어릴 때는 자기 돌잔치가 퍽 궁금했는지 꽤 자주 기습 질문을 던지고는 했다. 어떨 때는 무심결에 답하다 다른 대답을 했는지, 전과 다르다며 재차 묻기도 했다.

'아! 그때 가족끼리 간소하게라도 할걸.'

막내의 질문 공세에 시달릴 때마다 후회했다. 시간이 지나고도 할 수 있는 게 있는가 하면, 때를 놓치면 할 수 없는 것도 있는 법. 내겐 막내의 돌잔치가 그랬다.

아이들이 태어나는 환경과 모습이 각자 다른 만큼, 모든 걸 똑같이 해줄 수는 없다. 가장 중요한 여건도 상황에 따라 달라지니까. 나의 경우 아이 셋이 태어날 때의 상황이 모두 달랐다. 첫째는 처가에 살 때, 둘째는 본가에서 지낼 때, 막내는 분가해서 살 때 태어났다. 경제적 여건이나 마음 상태도 다 달랐다. 할 수 있어도 하지 않으면 후회가 남지만, 할 수 없는 상황이라면 아쉬움이 남는다.

지금 돌이켜보면, 내 마음에 남은 건 후회가 아니라 아쉬움이었다. 아쉬움은 털어버릴 수 있지만, 후회는 쉽게 털어내지 못한다. 아쉬움을 후회로 착각하면, 늘 불편한 마음을 가질 수밖에 없다. 불편한 마음으로는 아이들을 온전하게 바라보고 안아주기 어렵다. 불편한 마음이 전달되기 때문이다.

해주기 싫어서 안 해준 거면 모르겠지만, 어쩔 수 없는 상황에서의 아쉬움은 그만 털어버리자. 그리고 지금 해줄 수 있는 것에 집중하자. 계속 뒤를 돌아보면 앞도 제대로 볼 수 없다. 지나간 것은 지나간 대로 털어버리고, 지금 이 순간 내 앞에 있는 아이를 바라보자. 주어진 여건 안에서 아이에게 무엇을 해줄 수 있는지 고민하고, 그걸 해주면 된다. 언제? 바로 지금.

3장

소통과 공감의 힘을 믿는 아빠의 육아 원칙

때로는 아빠가 때로는 엄마가

"도대체 못하는 게 뭐야?"

첫째가 초등학생 때, 아내가 주변 엄마들한테 가장 많이 들었던 말이다.

동년배 엄마들한테 첫째는 부러움의 대상이었다. 공부도 잘하고, 춤도 잘 추고, 친구들과 사이도 좋았다. 일명 엄친아. 너무 자랑질인가 싶지만, 사실이 그런 걸.

첫아이인 것도 있고, 주변의 반응이 유난해서인지 알게 모르게 우리 부부는 큰딸에 거는 기대가 높았다. 높이 올라갈수록 떨어지면 더 아픈 법이라고 했던가? 조금 과장 섞어 말하면 큰딸에 대한 기대에 바사삭 금이 가는 사건이 터졌으니.

처음 아내에게 이야기를 전해 들었을 때, 믿기지 않아서 이렇게 되물을 정도였다.

"에이, 그럴 리가?"

그런데 그럴 리가 있었다.

첫째가 6학년 때의 일이다. 담임선생님과 면담을 하고 온 아내는 여느 때처럼 뿌듯한 얼굴로 돌아왔다.

"어머님, 왜 오셨어요? 너무 잘해서 상담할 게 없는데요. 딸을 정말 잘 키우셨어요."

선생님이 하신 첫 마디가 이랬단다. 큰아이의 면담 때면 언제나 칭찬 일색이었으니, 당연한 일이려나. 그런데 얼마 지나지 않아 이와 정반대의 상황이 벌어졌다.

학부모 참여수업에 갔던 아내가 잔뜩 흥분해서 돌아왔다. 학기 초만 해도 그렇게 아이를 칭찬하던 선생님이, 첫째를 미워하는 게 눈에 보이더란다. 자기만 그렇게 느낀 게 아니라 다른 엄마들도 그렇게 느낄 정도였다고 했다. 아이의 행동 하나하나를 지적하는데, 너무 창피했다고.

분에 차서 한참을 씩씩대던 아내는 첫째가 들어오자 다짜고짜 언성을 높이며 이유를 따져 물었다. 아이도 가만있지 않았다. 엄마의 말을 맞받아치면서 고성이 오갔다. 첫째의 그런 모습은 처음 봤다. 생각해 보니, 여태껏 첫째에게 언성을 높인 적이 거의 없었다. 뭐든지 알아서 잘하는 아이였으니까.

아이를 다그치는 것만으로 분이 풀리지 않았던지, 아내는 선생님과 면담을 해야겠다며 으름장을 놓았다.

'그 사이 무슨 일이 있었던 거지?'

그토록 칭찬받던 아이가 갑자기 문제아로 바뀐 시간은 그리 길지 않았다. 두 달 정도? 그 시간 동안 무슨 일이 있었길래, 이렇게 됐는지 도무지 이해가 되질 않았다. 구체적인 상황을 모르는 상태에서 모녀의 대화 중간에 끼어들기가 어려웠다. 무심한 척하며, 모녀가 나누는 이야기에 귀를 기울였다. 그러면서 중재할 타이밍을 살폈다.

건너 들은 이야기를 대강 정리하면 이렇다. 아이의 친구 중에 선생님을 존경하기는커녕 무시하는 태도를 보이는 친구가 있나 보다. 매사 말과 행동이 삐딱한 건 기본이고, 선생님 말씀이 자기 의견과 다르다 싶으면, "그건 아닌 것 같은데요!" 하며 버릇없이 잘라 말한다고 했다.

선생님도 사람이기 때문에 실수할 수 있다. 많은 아이

를 챙기다 보면 깜박하고 못 챙기는 것도 있을 수 있고, 실수로 잘못 이야기할 수도 있다. 그 과정에서 오해를 살 수도 있고. 그걸 친구들이 있는 데서 선생님께 면박을 주듯이 말했으니, 심히 당황스럽고 불쾌했을 것이다. 더구나 평소 언행이 삐딱한 아이였으니, 선생님 눈에 그 아이가 좋게 보일 리 없는 건 당연했다. 같이 다니는 우리 딸은? 두말하면 잔소리였다.

대충 이런 상황이 머릿속에 그려졌다. 격렬하게 대화하는 모녀 사이에 앉아, 끼어들 타이밍을 살피다 물었다.

"우리 딸이 잘못한 건 없니?"

"네? 제가 잘못한 건 없는데요."

"아빠가 보기엔 말이야. 요즘 예전과 다른 모습이 보이더라. 가끔 안 좋은 말투가 나오기도 하고. 우리 딸이 혹시 모르고 학교에서 안 좋은 말투로 말한 건 아니니?"

"제가요? 아닌 것 같은데…."

아이는 말끝을 흐렸다. 혹시 그런 적이 있는지 곰곰이 생각하는 눈치였다. 그리곤 '아차!' 하고, 뭔가 걸리는 게 있는지 겸연쩍은 표정을 지었다.

요즘 들어 아이가 사용하지 않던 말투를 쓰는 걸 들었기 때문에 할 수 있던 질문이었다. 내 귀에 불편하게 들렸던 적이 몇 번 있어서 기억하고 있었다. 이해가 안 가는 게 있을 때, "뭔 소리예요?" 하고 짜증 섞인 목소리로 되물은 적이 있는데, 아이는 제가 그런 말투를 쓰고 있다는 것을 전혀 인지하지 못하는 듯 보였다.

"아까 말한 그 친구랑 친하니?"

"네."

"우리 딸 생각엔, 그 친구가 하는 말이나 행동이 옳은 것 같니?"

"어, 그건 아닌 것 같긴 한데…."

여전히 말끝을 흐렸다. 자기가 생각해도 좋은 말투나 태도는 아니었나 보다.

"그 친구를 진짜 친구라고 생각한다면, 내일 학교에 가서 한번 얘기해 보는 게 어떨까? 그런 말투와 행동은 옳지 않은 것 같다고. 선생님 말씀이 정말 아닌 것 같으면, 정중하게 여쭤보거나 나중에 따로 말씀드리라고 얘기해 봐. 우리 딸 얘기를 듣고 친구가 섭섭해할 수도 있어. 그래도 말해줘야 해. 둘이 친구니까. 알겠니?"

아이는 말없이, 고개를 천천히 끄덕였다. 내가 하는 말이 아이에게 스며들고 있다는 생각에, 말을 이어갔다. 이 타이밍을 놓칠 순 없었다.

"아마 그 친구는, 주변 친구들한테 약해 보이고 싶지 않아서 더 그럴 수 있어. 자기를 보호하려는 거지. 아니면 다른 사람의 관심을 받고 싶어서일 수도 있고."

그러면서 예전에 유아체육 강사로 일할 때의 경험담을 들려주었다.

그 시절 유독 기억에 남는 아이가 하나 있는데, 행동이 무척 거칠었다. 가만히 있는 친구를 아무런 이유 없이 꼬집거나 때리는 아이였다. 처음엔 강하게 주의를 주고, 나중에는 손 들고 서 있으라고 벌까지 줬지만, 도통 나아지지 않았다. 그런데 시간이 지나 알게 되었다. 아이는 관심받고 싶다는 표현을 그렇게 한 거였다. 자기를 좀 봐달라는 사인으로, 못된 행동을 했던 거다. 나중에 알게 된 사실이지만, 아이의 가정은 여느 집과는 달랐다. 아이는 항상 애정에 굶주려 있는 상태였다. 그 사실을 알게 된 뒤로는 아이를 볼 때마다 한 번이라도 더 말을 걸어주고, 머리를 쓰다듬어 주려 노력했다. 그러자 신기하게도 그렇게 혼을 낼 때는 고쳐지지 않던 아이의 과격한 행동이 점점 줄어들기 시작했다. 나중엔 칭찬을 받으려 좋은 행동을 하기까지. 관심을 끄는 데 못된 행동이 효과적이긴 하지만, 사랑받기 위해선 좋은 행동을 해야 한다는 것을 본능적으로 깨달았다고 할까?

"와! 아빠 어떻게 알았어요? 보지도 않았는데. 아빠 얘길 들어보니, 정말 그런 것 같아요. 예전에 따돌림을 당한 적이 있다고 들었어요. 친구들한테 관심 받는 걸 좋아하기도 하고요."

"그러니? 얘기를 듣고 나니, 친구가 왜 그렇게 행동했는지 이해가 되네. 그래도 그 친구 행동이 잘못됐다는 건 알지? 친구가 더 엇나가지 않게 우리 딸이 친구한테 잘 얘기해줘. 그리고 우리 딸도 좋지 않은 말투는 앞으로 안 썼으면 좋겠다. 그럴 수 있지?"

"네!"

그렇게 아내를 방방 뛰게 만들었던 참여수업 사건을 일단락 짓고, 나머진 아이에게 맡기기로 했다. 아이가 친구에게 얘기를 할지 말지, 그리고 앞으로 말과 행동을 조심해서 선생님께 다시 신뢰를 회복할지는 본인 몫으로 남겼다.

아내에겐 지금 시점에서 선생님과 면담은 하지 않는 게 좋을 것 같다고 말했다. 부모로서 가정에서 할 수 있는 역할을 하고, 지켜봐 주고, 응원해주는 것이 먼저이지 않냐고 아내를 설득했다. 아내도 내 말에 동의했다. 이후에 첫째에게서 친구와 잘 대화했고, 시간이 지나면서 선생님의 신뢰를 다시 회복했다는 얘기를 들었다.

지금도 가끔 첫째와 아내가 서로 충돌하면서 언성이 높아질 때가 있다. 중학교 2학년 때가 가장 심했다. 그땐 정말 서로 못 잡아먹어서 안달이라는 표현이 딱 맞았다. 하루가 멀다고 싸우고는, 다신 말도 안 섞을 것처럼 각자 방문을 쾅 닫고 들어가기 일쑤였으니. 이렇게 사이가 틀어지는 일이 발생하면, 아빠인 내가 바빠진다. 왜? 둘 사이에 중재자 역할을 해야 하니까. 중재자로서 역할은 이렇다.

먼저 상황을 파악한다. 전반적인 상황 파악을 위해 둘째나 셋째의 눈과 귀를 빌려 무슨 일이 있었는지 알아본다. 그다음 아내에게 간다. 아내의 하소연에 맞장구쳐주고, 좀 심했다 싶은 부분은 조곤조곤 내 의견을 말한다. 그럴 때면 지금 누구 편을 드는 거냐며 서운해할 때도 있지만, 대부분 이해한다. 그렇게 불 하나를 끈 다음, 첫째에게 간다. 첫째는 아내보다 더 변화무쌍한 반응을 보인다. 아예 대화를 거부할 때도 있고, 눈물을 흘리며 억울함을 호소할 때도 있다. 그래도 해결방법은 같다. 아이의 말을 잘 들어주고, 고개를 끄덕여주고, 이해시켜야 할 부분을 이해시키기 위해 노력한다.

이렇게 각자와 이야기를 하고 나면, 재미있는 공통점을 발견하게 된다. 둘 다 무조건 상대방이 잘못했다고 생각하지 않고, 어느 정도는 자신의 잘못을 인정한다는 점이다. 단지 자존심 때문에 말하지 못했던 것일 뿐. 이렇게 갈등 상황과 서로의 속마음을 듣고 난 뒤 얽혀있는 모녀 관계를 푸는 방법은 의외로 간단하다. 서로의 진심을 터놓고 얘기할 분위기만 만들어주면 된다.

아내와 아이를 한곳에 불러 모아놓고, 자존심 때문에 서로 말하지 못했던, 자신이 인정했던 잘못을 얘기해준다. 그러면 둘 다 '어? 모르는 줄 알았는데 알고는 있네?'라는 표정을 짓는다. 그러면서 마음이 좀 풀어진다. 모른다고 생각했던 자신의 마음을 알고 있었다는 사실에, 굳었던 마음이 서서히 녹기 시작하는 거다. 그렇게 하나둘씩 속에 있는 이야기를 꺼내면서, 서로의 상황을 이해하게 된다. 마지막으로 더는 이런 상황이 생기지 않도록, 서로 조금씩 조심하기로 약속하면 상황 종료. 시간이 지나고, 이런 상황이 반복되기는 하지만. 뭐, 인생이 다 그런 거 아니겠나.

사실 가정에서 중재자 역할을 가장 많이 하는 사람은 엄마다. 주로 아빠와 아이 사이에서 중재자 역할을 한다. 특히 딸이 있는 집은 더 그렇다. 아무래도 아빠보다는 엄마가 편하니까. 어려운 부탁을 할 때도 아빠에게 직접 말하지 않고 엄마를 통해 얘기한다.

아이가 아빠보다 엄마를 편하게 생각하는 이유는 뭘까? 기본적으로 엄마와 아이 사이에는, 아빠에겐 없는 특별한 교감의 시간이 있기 때문이다. 10개월가량 엄마 배 속에서 함께 호흡하고, 엄마 품에 안겨 젖을 먹으며 엄마의 체온과 심장 소리를 듣고 감정을 공유하는데, 어찌 특별하지 않으랴. 게다가 아이가 성장하고 독립하기까지, 평균적으로 아빠보다 엄마와 함께 있는 시간이 월등히 많다. 당연히 아이와 엄마와의 관계가 아빠보다 가까울 수밖에 없다.

그런데 이 가깝다는 말은, 좋은 시간을 많이 보내기도

하지만, 그만큼 다툴 기회도 많다는 뜻이다. 많은 시간을 함께 하다 보니, 사소한 문제를 가지고 의견 충돌이 자주 일어난다. 아이가 어릴 때야, 일방적으로 엄마가 혼을 내는 쪽이지만, 아이가 제 목소리를 내기 시작하면서 서로 치고받는 양상이 펼쳐진다. 신기한 건 아빠보다 엄마와 더 자주 부딪히지만, 그 갈등이 풀리는 데는 그리 오랜 시간이 걸리지 않는다는 거다. 언제 싸웠냐는 듯이 서로 웃고, 장난을 친다. 그런 모습을 볼 때면, 아무리 혼내도 아이는 엄마를 찾는다는 말이 괜히 하는 말이 아닌가 싶다.

그런데 아빠는 좀 다르다. 평소 잘 해주다가도 어쩌다 혼을 내거나 인상만 써도 쉽게 다가오지 못한다. 딸은 더 심하다. 꼬인 감정이 풀어지는 시간도 오래 걸리고, 서운한 기억도 쉽게 지우지 못한다. 불공평하다는 생각이 들 정도로, 엄마에 비해 아빠에게 발휘되는 관대함이 부족하다.

어디서 들어서 알았는지 아니면 본능적으로 깨달은 건지 모르지만, 우리 부부는 이 문제를 오랫동안 고민했다. 딸이 셋이라 더 치열할 수밖에 없는 문제였다. 아내와 오랜 대화 끝에 내린 결론은 이랬다. 아이를 혼낼 일이 있으면 엄마가 하고, 아빠는 그냥 받아주는 사람이 되자고.

우리 집 애들은 엄마에게 혼이 났거나, 엄마가 자기 요구를 들어주지 않으면, 나한테 쪼르르 달려온다. 역할을 나눈 덕분에 딸들과 좋은 관계를 유지하고 있기 때문이다. 아내와 딸 사이에 갈등이 생겼을 때 중재자 역할을 할 수 있는 결정적 이유도 여기에 있다.

나라고 어떻게 매번 좋은 말만 하고, 웃는 얼굴을 할 수 있겠나? 가끔 아이를 혼내거나 잔소리할 때도 있다. 아이들은 서운해했다가도 얼마 지나지 않아 원래대로 돌아온다. 그럴 수 있는 이유는, 그동안 역할 분담으로 쌓인 신뢰가 바탕에 깔려 있기 때문이다.

그동안의 육아 경험에서 그나마 잘했다고 자부할 수 있는 것이, 바로 이 역할 분담이다. 그래서 결혼이나 출산을 준비하는 후배들에게도 꼭 이 말을 해준다. 역할 분담을 하라고. 아들이어도 딸이어도, 하나여도 여럿이어도, 모든 부모에게 공통으로 적용할 수 있는 처방전이라 믿기 때문이다.

새끼손가락 걸고, 꼭꼭 약속해

"아, 하루라도 빨리 나왔으면 좋겠어!"

첫아이를 임신하고, 아내가 입버릇처럼 했던 말이다. 그러나 아이가 태어난 지 얼마 되지 않아 이렇게 뒤집힌 말이기도 하다.

"차라리 배 속에 있었을 때가 가장 편했어!"

아이를 낳고 키워본 사람이라면 다들 공감할 것이다. 출산 전에는 아이만 나오면 편할 것 같지만, 천만의 말씀! 기질이 예민한 아이는 태어나는 순간부터 전쟁이다. 얌전한 아이라도 기어 다니기 시작하면 움직이는 시한폭탄이 따로 없다. 잠시만 방심해도 여기서 펑, 저기서 펑 하고 터진다. 걸어 다니기 시작하면? 쫓아다니기 더 버겁다. 그래서 다들 그렇게 말하나 보다.

걸어 다닐 때는 기어 다닐 때로 돌아갔으면 하고, 기어 다닐 때는 누워있을 때로 돌아갔으면 하고, 누워있을 때는 배 속으로 다시 들어갔으면 한다고.

아이들이 커서 집에 아이들만 두고 다닐 수 있는 시기가 오면, 새로운 고민이 생긴다. 한도 끝도 없이 놀고 싶어 하는 아이들을 어떻게 관리할 것인가 하는 문제다. 부모의 부재는 놀고 싶은 아이에겐 천국 같은 시간이겠지만, 부모에게는 조바심이 나는 시간이다. 그렇다고 아이 곁에 24시간 달라붙어서 일일이 살필 수 없는 노릇이니, 필연적으로 아이를 관리할 방법을 생각해내야 한다.

요즘엔 홈 CCTV로 아이들이 집 안에서 무얼 하고 있는지, 위험한 행동을 하진 않는지 살펴볼 수 있어 편하다고 한다. 하지만 이런 방법은 아이들이 아주 어릴 때면 모를까, 조금만 커도 써먹을 수 없는 방법이다. 아이가 감시당한다고 느끼는 순간, 부모와의 신뢰 관계는 형성되기 어렵기 때문이다. 아이의 성향, 부모의 여건, 집 안 환경 등을 고려해 효과적인 방법을 찾으면 좋겠지만, 아이마다 개별

솔루션을 찾고 적용하기란 현실적으로 불가능하다.

　오래 고민하고 이런저런 방법을 써본 끝에, 내가 정착한 방법은 아이들과 약속을 정하고, 그것을 지키는 연습을 하는 것이다. 원론적인 얘기일 수도 있지만, 이 방법만큼 부작용이 없고, 효과가 좋은 방법도 없다. 기본적으로 약속은 관리의 기능이 있지만, 정해진 범위 안에서는 어느 정도 자율성을 부여한다. 아이 스스로 생각하고 판단할 여지를 열어놓는 것이다.

　아이의 행동은 관리하되, 생각까지 붙잡아두는 것을 최소화하기 위해서 약속을 정할 때 가이드라인만 제시하는 것이 좋다. 기본적인 큰 틀만 잡고, 아이가 그 안에서 자유롭게 판단하고 선택할 수 있게 해줘야 한다는 말이다. 그래야 다양한 변수에 대응할 힘을 기를 수 있다. 두 가지 경우를 들어 설명할 테니, 잘 들어보시라!

　약속을 정할 때는 두 가지의 방법이 있다. '가능한 것'과 '불가한 것'이다. 두 가지 방법 가운데 어느 방법이 좋냐면, 내 경험상 무조건 후자다. 아이들 스스로 결정할 수 있는 권한을 많이 부여할 수 있고, 변수를 최소화하는 방법이기 때문이다. 구체적인 예를 들어 설명하면 이렇다.

'TV를 한 시간 볼 수 있다. 친구와 한 시간 놀 수 있다. 게임을 한 시간 할 수 있다.' 이런 방식으로 약속을 정하면, 아이들은 이런 생각을 하게 된다. '어? 그럼, 만화책은 봐도 될까?' '동생이랑 놀아도 될까?' '보드게임은 해도 될까?' 등등. 한마디로 정한 약속에 없는 행동을 판단하기 어렵다. '해도 된다'라는 말이 없기 때문이다. 이것과 관련한 웃픈 일화가 하나 있으니.

집에 애들만 놔두고 처음으로 외출했던 날이다. 컴퓨터는 딱 두 시간만 하기로 사전에 약속하고 집을 나섰다. 그런데 두 시간이 지나자마자, 전화가 쉬지 않고 울리기 시작했다. '보드게임 해도 돼요?' '놀이터 가도 돼요?' '그림 그려도 돼요?' 용건도 다양했다. 계속 울려대는 전화를 받으며, 아내와 나는 서로 마주 보며 이렇게 말했다. "우리 왜 나온 거니?"

이런 일을 몇 번 반복하고 나서는, 외출할 때 아이들과 이렇게 약속했다. '밖에 나가면 안 된다.' '컴퓨터는 2시간 이상 하면 안 된다.' 이렇게 '불가한 것'을 기준으로 약속을 정하면, 아이들이 판단하기가 훨씬 수월하다. 제시한 항목만 어기지 않으면, 그 외 행동은 모두 가능하단 말이기 때문이다.

물론 약속하는 방법을 바꿨다고 전화가 전혀 오지 않은 건 아니다. 하지만 그전에 외출했을 때보다는 확실히 줄어들었다. 그 전화도 이거 해도 되는지, 저거 해도 되는지 묻는 전화는 아니었다.

"우리 애는 약속을 잘 지키지 않아요. 약속을 해도 그때뿐인 걸요." 하고, 고개를 절레절레 흔드는 부모님이 있다면, 이 말을 꼭 해주고 싶다. 처음부터 약속을 잘 지키는 아이는 없다고. 약속을 지키는 것도 일종의 습관이기 때문에 반드시 연습이 필요하다고.

100미터 달리기만 연습하던 선수가 200미터를 달릴 수 있을까? 결론부터 말하면, '아니오'다. 100미터만 달린 사람의 체력은 딱 100미터까지다. 왜냐하면 그 이상 달리는 연습을 하지 않았기 때문이다. 100미터가 되면 체력이 고갈되고, 더는 달리고 싶은 마음도 들지 않는다. 200미터 달리기 선수로 뛰려면, 200미터를 달리는 연습을 해야 한다. 그래야 끝까지 완주할 힘과 정신력을 갖출 수 있다.

목마를 때 주는 물

"○○ 먹고 싶어요!"
"○○ 하고 싶어요!"
"○○ 학원 다니고 싶어요!"

세 딸아이 입에서 자주 나오는 말들이다.

먹고 싶은 것도 많고, 하고 싶은 것도 많다. 배우고자 하는 열정도 뜨겁다. 너무 뜨거워서 문제다. 어렸을 때부터 원하는 것이 양껏 충족되지 않아서 그런가? 모든 것에 갈증을 느낀다. 다른 집은 학원에 보내기 위해 전쟁을 치른다고 하는데, 우리 집은 안 보내고 싶어서 전쟁을 치른다.

세상 어떤 부모가 아이들이 원하는 것을 들어주고 싶지

않겠는가? 형편만 된다면, 다 들어주고 싶은 게 아빠의 마음이다. 영화 〈베테랑〉에서 황정민 배우가 말하는 "우리가 돈이 없지. 가오가 없냐!"라는 대사를 읊으며, '돈이 없어도 소신이 더 중요하지'라고 되뇌지만, 아이들에게 안 되는 이유를 설명하다 보면, 가오도 없어지는 느낌이다. "돈 없어!"라는 한마디 말로 정리할 수 있는 상황을 4절까지 읊어야 하니 말이다. "안 돼!"라는 말이, 슬픈 단어라는 것을 아빠가 돼서야 알았다.

아이들이 원하는 걸 모두 들어줄 수 없으니, 현명한 방법을 찾을 수밖에. 어떻게 하면 아이들에게 꼭 필요한 것을 해줄 수 있을지 고민했다. 아이디어는 결핍에서 나온다고 했던가? 그렇게 고민하고 고민해서 얻은 결론이, "네가 진짜로 원하는 게 뭐야?" 하는 질문이다.

나는 아이들이 입버릇처럼 말하는 '○○ 하고 싶다'는 말을 곧이곧대로 듣지 않는다. 왜냐고? 불순물이 묻어있을 가능성이 크니까. 이 질문은, 바로 그걸 걸러내기 위한 질문이다. 아이들이 '○○ 하고 싶다'라고 말할 때, "왜 그걸 하고 싶은데?" 하고 물어보면, 의외로 일시적인 충동이나 그냥이라는 이유가 많다.

 무얼 먹고 싶거나 어딜 놀러 가고 싶다는 건 크게 문제가 되지 않는다. 아직 어려서 그런지, 쉽게 찾을 수 있는 음식이나 장소를 좋아하기 때문이다. 매번은 아니더라도 가끔 아이들의 바람을 들어주면 해결 끝! 문제는 매달 고정비용이 발생하는 항목이다. 이런 경우 신중하게 결정해야 한다. 무조건 해줄 수도 없고, 무조건 안 된다고 할 수도 없는 노릇이니 말이다.

 고정비용의 절대강자는 학원이다.
 영어, 수학, 논술, 음악, 발레 등 여러 학원에서 아이들의 학업 성취와 정서적 안정을 내세우며 학원은 선택이 아닌 필수라 외친다. 마치 '남들은 다 하는데, 이래도 안 할 거야?'라며 학부모를 계속 시험하는 기분이다.
 학교 근처나 길거리에선 아이들의 관심을 끌기 위한 학원들의 노력이 치열하게 펼쳐진다. 우리 아이들이라고 그 유혹에서 초연할 수 없는 법. 주기적으로 식탁 위에는 학교 입구에서 받아온 학원 홍보물이 쫙 펼쳐져 있다. 아빠 눈에 잘 띄게 하려는 배려 깊은 행동이라나 뭐라나. 아무튼,

"이게 뭐야?"라고 묻는 순간, 아이들은 기다렸다는 듯이 내 앞에 서서 브리핑을 시작한다.

어디서 교육을 받고 온 사람처럼, 학원에 다녀야 하는 이유와 목적, 그리고 간절함을 조목조목 설명한다. 어찌나 그럴싸한지 조금만 방심해도, 바로 넘어갈 정도다. 하지만 일시적인 감정으로 결정해서는 안 될 일이다. 순간의 선택이 짧게는 몇 달, 길게는 몇 년을 좌우할 수 있으니까.

학원은 고정지출 항목에 한두 줄 추가하는 정도의 간단한 일이 아니다. 아낀다고 줄어드는 비용도 아니거니와 쉽게 그만둘 수도 없다. 부수적으로 들어가는 비용도 꼼꼼히 따져 봐야 한다.

어느 날 막내가 피아노를 배우고 싶다고 했다. 막 조른 건 아니고, 지나가는 말로 "피아노 배우고 싶어." 하고 혼잣말처럼 중얼거린 정도였다. 물론 내가 옆에 있을 때 주로 말하긴 했지만. 몇 번 듣고도, 바로 묻지 않았다. 간절한 마음인지, 충동적인 욕구인지 확인할 시간이 필요했다. 피아노 정도야 기본인데 그냥 시키지 할 수도 있지만, 지금까지 세 딸아이가 배우고 싶다는 거 다 시켰다면? 그냥 웃지요.

그런데 이번엔 조금 달랐다. 전과 다르게 아이가 몇 날 며칠을 꾸준하게 말하고 다녔다. 일시적인 감정으로 하는 말이 아니라는 것이 느껴졌다. 점점 말하는 횟수가 늘어나고, 목소리도 커지기 시작했다. 이젠 대놓고, 들으라고 하는 소리였다. 그래도 물어보지 않고 있으니, 아이가 먼저 말을 꺼냈다. 피아노를 배우고 싶다며 학원에 보내 달라는 얘기였다. 이미 말하는 뉘앙스에서 피아노를 배우고 싶다는 간절한 마음이 느껴졌지만, 확인차 이렇게 질문했다.

"피아노를 정말 배우고 싶니?"

"네! 배우고 싶어요."

"왜 배우고 싶어?"

"피아노 치는 게 좋아서요."

"학원에 빠지지 않고, 열심히 다닐 수 있겠니?"

"절대 안 빠지고 열심히 할게요. 시켜주세요. 네?"

"친구들이랑 놀고 싶을 때도 있고, 가기 싫은 날도 있을 텐데, 참을 수 있겠어?"

"참을 수 있어요! 진짜 안 빠질게요."

"만약 하기 싫은 모습을 보이거나 가기 싫다고 하면 바로 그만두게 할 건데, 그래도 괜찮아?"

"네! 열심히 다닐게요."

같은 질문을 몇 번이나 물어보면서 단단히 약속을 받아 놓았다. 누가 보면 보증서는 줄 알았을 거다. 그렇게 질긴 질문과 답변의 줄다리기 끝에, "오케이!"를 외쳤다. 비로소 떨어진 승낙에 "고맙습니다." 하고 말하는 아이의 표정은 먹구름에서 막 벗어난 반짝이는 해님 같았다. 막내는 발에 스프링이라도 달린 것처럼 방방 뛰면서 언니들한테 자랑하러 다녔다.

어렵게 시작해서일까? 확실히 피아노를 배우는 태도가 남달랐다. 학원만 다녀오고 끝! 이게 아니라 틈나는 대로 집에서 연습했다. 집에 피아노도 없는데 말이다.

피아노가 없는데 어떻게 연습했냐고? 이가 없으면 잇몸으로. 피아노가 없으면? 종이에. 막내는 스케치북에 건반을 그렸다. 한 장으로 길이가 안 되니 몇 장을 뜯어 옆으로 길게 이어 붙였다. 누가 봐도 좋아서 열심히 하는 게 티가 났다. 그 모습에 감동해서 전자 피아노를 장기 렌탈했다.

아침에 눈을 뜨면 밥부터 찾던 아이는, 이제 피아노 의자에 앉는 게 먼저다. 얼마 전에는 피아니스트가 되겠다고 공식적으로 선언까지 했다.

  아무리 좋은 것도 시간이 지나면 시들해지기 마련이다. 막내도 시간이 지나면서, 하기 싫거나 가기 싫은 날도 있었을 거다. 친구들과 놀고 싶은 마음에 학원을 빠지고 싶은 날도 분명 있었을 거다. 하지만 지금까지 그런 모습을 보인 적이 단 한 번도 없다. 독하다 싶을 정도로 아빠와 약속한 것을 지키기 위해 스스로 노력했다. 가끔 장난으로, "사랑아, 피아노 학원 가기 싫지 않아?" 하고 물으면, 무슨 말을 하냐는 표정으로, 절대 그렇지 않다고 펄쩍 뛴다.

  사실 막내가 처음의 열정과 노력을 보이지 않는다고 해서, 학원을 그만두라고 말할 생각은 애초에 없었다. 아이가 그토록 하고 싶어 하는 거였고, 이왕 시작했으니 원할 때까지 서포트해주고 싶었다.

  내가 비싸게 굴었던 건, 아이에게 알려주고 싶은 게 있었기 때문이다. 목마를 때 마시는 물이 더 시원하다는 것과 항상 감사하는 마음이다. 아이가 처음 "피아노 배우고 싶어." 하고 말을 꺼냈을 때, 바로 허락해줬다면 어땠을까? 지금까지 이렇게 열심히 하지 않았을지도 모를 일이다.

쉽게 얻은 건 쉽게 포기하기 마련이다. 언제든지 얻을 수 있다고 생각하니까. 하지만 어렵게 얻은 건 그렇지 않다. 당연하다는 생각보다 감사한 마음이 더 크게 작용한다. 막내도 어렵게 어렵게 다짐하고 다짐해서 시작했으니, 고마운 마음도 더 컸으리라.

'과유불급(過猶不及)'

지나친 것은 미치지 못한 것과 같다는 뜻의 한자 성어다. 이 말처럼 모자라면 아쉬움이 남지만, 넘치면 후회로 남는다. 밥 먹을 때를 떠올리면 쉽게 이해가 된다. 배가 고프다고 배가 부르다 못해 숨 쉬기 어려울 정도로 넘치게 먹으면 어떤가? 차라리 덜 먹을걸 하고 생각한다. 이 마음은 아쉬움이 아니라 후회다. 뭐든 넘치면 균형이 깨진다. 한마디로 넘치는 것보다는 모자란 게 낫다는 말이다. 애정도 마찬가지다.

요즘은 애정 결핍이 아니라 애정 과잉이 문제가 되고 있다. 부모의 지나친 과보호와 기대, 그리고 넘치는 애정이 독이 되어서 자존감이 낮거나 우울증에 시달리는 청소년

들이 많다고 한다. 그리고 이런 아이들은 성인이 되어서도 사회에 잘 적응하지 못한단다. 넘치는 애정이 성숙한 어른으로 성장할 기회를 방해했기 때문이다.

과잉 애정은 아이의 마음을 가볍게 만든다. 여느 노랫말처럼, 말하는 대로 다 되는 줄 안다. 하지만 어디 그런가? 아이가 말하는 대로 다 해줄 수 있는 부모가 몇이나 될까? 대부분은 어렵게, 또 심사숙고해서 아이들이 원하는 걸 들어준다. 하지만 과잉 애정은 부모의 이런 마음과 노력을 가벼이 여기게 만든다. 아이가 못된 게 아니라, 부모의 태도가 아이를 그렇게 만든다.

그러니 나는 내 아이에게 어떤 마음을 심어주고 있는 부모인지 지속적으로 살펴볼 필요가 있다. 혹여 부모의 마음을 가볍게 여기는 아이로 키우고 있지는 않은지, 뭐든 노력 없이 쉽게 얻을 수 있는 아이로 키우고 있지 않은지 말이다.

그래서 진짜 꿈이 뭐야?

첫째의 꿈은 선생님이었다. 아이들을 가르치고 싶다는 것이 그 이유였다. 원래 어렸을 때 꿈이란 게 여러 번 바뀌기 마련인데, 큰아이의 꿈은 줄곧 변하지 않았다. 의지도 굳건하게, 학교 선생님!

어느 날 저녁 식사 시간에, 첫째가 뜬금없이 돈을 많이 벌고 싶다는 말을 꺼냈다.
"어? 선생님이 꿈이라며?"
교사를 꿈꾼다고 확고하게 말했던 아이의 입에서 나온 돈 얘기는, 우리 부부를 놀라게 했다.
"선생님은 돈을 많이 벌 수 있는 직업이 아닌데…. 이제 선생님은 안 하고 싶은 거야?"

"아니 그런 건 아닌데, 그냥 돈이 많으면 좋겠어요."

"갑자기 왜?"

"이유는 모르겠고, 그냥요."

뭔가 뚜렷한 이유가 있는 건 아니고, 그냥 막연하게 돈이 많으면 좋겠다는 생각이 들었단다. 뭔가 얘기를 해줘야 할 것 같은데, 뭐라고 해야 할지 머릿속에서 정리가 잘 되지 않았다. 첫째는 별다른 이유가 없다고 했지만, 그래도 뭔가 있을 거라는 생각에 이렇게 물었다.

"다른 게 하고 싶은 거야?"

"하고 싶은 거야 많죠."

"뭐가 또 하고 싶은데?"

"선생님도 하고 싶고, 춤도 추고 싶고, 뭐 그래요."

"아, 춤? 춤을 가르치는 사람이 되고 싶은 거야?"

첫째는 어렸을 때부터 춤추는 걸 좋아했다. 동생들과 걸그룹을 결성하고, 식구들 앞에서 공연한 것도 부지기수. 중학생이 되어서는 댄스부에 들어가 열심히 활동했다.

"춤을 가르치는 사람 말고요, 그냥 춤추는 사람이요. 그래서 돈을 많이 벌고 싶어요."

"춤추는 사람이 돈을 많이 버나?"
"암튼 그래요."

첫째는 춤추는 사람이라고 말했지만, 앞뒤 맥락을 고려했을 때 아이돌이 되고 싶은 거였다. 그러면 돈을 많이 벌 수 있을 거라 생각하는 눈치였다. 아직 생각이 여물지 않은 시기니, 꿈이나 목표가 바뀌는 건 당연하다. 눈에 보이는 화려함에 홀려 자신의 모습을 투영시키는 것도 이해는 된다. 방송에 비치는 아이돌 스타의 모습이 마냥 부럽고, 자기도 그렇게 되고 싶단 생각이 들겠지.

만약 큰아이가 춤추고 노래하는 것이 정말 좋아서 아이돌이 되고 싶다고 말했다면, 현실적인 사정을 고려해 격하게 반기지는 못해도 응원해주었을 것이다. 하지만 인생의 꿈과 목표가 돈을 많이 버는 것이라는 딸의 말에는 동의해 줄 수가 없었다. 그래서 돈을 좇는 것과 꿈을 이루는 것에 대해 이야기를 시작했다.

"꿈을 이루는 과정에서, 노력을 인정받아 많은 돈을 벌 수 있으면 당연히 좋지! 하지만 돈을 버는 것 자체가 꿈이 되는 건… 글쎄, 아빠는 별로 좋지 않다고 생각해."

"왜요?"

"수단이 목적이 됐다고나 할까? 돈을 버는 목적이 뭘까? 결국 행복한 삶을 살고 싶어서가 아닐까?"

"뭐, 그렇죠. 먹고 싶은 거 마음대로 먹고, 사고 싶은 거 마음대로 살 수 있고."

"그래, 그럴 수도 있지. 그럼 돈이 많으면 원하는 걸 자기 마음대로 다 할 수 있을까?"

"음, 잘 모르겠어요."

"아빠가 인터뷰 기사를 본 적이 있는데, 어느 걸그룹 멤버가 이런 말을 하더라. 주변 사람 눈치 안 보고 돌아다니고 싶고, 좋아하는 떡볶이도 마음껏 먹고 싶다고. 이상하지 않아? 돈이 많은데 왜 못할까?"

딸아이는 아무런 대답도 못했다.

"모든 일에는 대가라는 게 있어. 우리 딸이 부러워하는 걸그룹 멤버는, 오히려 평범한 삶을 부러워할 지도 몰라. 그러니 잘 생각해 보렴. 돈이 많다고 정말 행복할지를."

내친김에 꿈과 목표를 분명하게 설정하는 것에 대해서도 얘기해줘야겠다고 마음먹었다. 목표를 잘못 정하는 바람에 좌절하고 미끄러지는 사람을 많이 봤기 때문이다.

"좋은 대학에 들어가는 것을 목표로, 열심히 공부한 사람이 있다고 하자. 다행히 원하던 대학에 합격했어. 그런데 1학년을 다니고는 그만뒀어. 왜 그랬을까?"

"아깝다. 왜 그만뒀대요?"

"자기 흥미나 적성은 무시하고, 오로지 좋은 대학에 입학하는 것을 목표로 세웠으니까. 애초에 꿈 같은 게 없었으니, 합격하고 나서는 뭘 해야 할지 몰랐던 거지."

흔히 "꿈이 뭐예요?" 하고 물으면, 대부분 직업을 이야기한다. 이게 잘못됐다고 말할 수는 없다. 그렇게 배웠기 때문이다. 학교에서도 꿈에 관해 말할 때, 직업을 언급한다. 하지만 꿈은 직업을 통해서 궁극적으로 이루고자 하는 것이지, 직업과 동의어가 아니다.

예를 들어, '의사가 꿈인 사람'과 '의사가 되어 경제적으로 어려운 사람을 도와주는 게 꿈인 사람'은 의사라는 타이틀은 같지만, 전혀 다른 삶을 살게 된다. 그러니 아이들과 꿈을 주제로 대화할 때, 단순히 직업만 얘기할 것이 아니라, '사명'을 얹어서 얘기해 보는 것이 어떨까? '꿈'에 대해 아이와 진지한 대화를 나눌 수 있을 테니 말이다.

될 성싶은 나무

"저기, 잠시만요!"

"네? 왜 그러시죠?"

"아이가 너무 예뻐서 그러는데, 혹시 오디션 한번 보실래요?"

"네???"

첫째가 유치원 다닐 무렵 우리 가족은 놀이공원에 참 자주 놀러 갔다. 딱히 다른 놀 거리도 없기도 했고, 아이들이 워낙 놀이기구 타는 걸 좋아했기 때문이다. 결정적으로 연간회원권을 구입한 게 가장 크게 작용하긴 했지만.

다른 집은 주말마다 아이들을 데리고 야외로 놀러 가거

나 여행을 떠난다는데, 자기는 주말에 애들과 뭐 하고 놀지 모르겠다는 아내의 하소연에, 끊은 연간회원권이었다. 거리도 가깝고 언제 가도 질려 하지 않으니, 결과적으론 현명한 선택이었다.

 그날은 모처럼 주말에 쉬는 나까지 합류해서 온 가족이 놀이공원에 놀러 간 날이었다. 나름 놀이공원 베테랑인 우리 가족은 놀이공원에 도착하면 무조건 야외로 먼저 나간다. 실내보다 일찍 문을 닫거니와 비라도 내리면 운영이 중단되기 때문이다. 그렇게 야외를 먼저 쫙 훑고, 이제 실내로 들어가서 놀까 하고, 두 곳을 잇는 다리를 건너고 있던 중이었다. 우리 가족을 지나치던 남자가 뒷걸음치더니, 갑자기 말을 건넸다. 오디션을 보지 않겠냐고.

 말로만 듣던 길거리 캐스팅을 받고 나니, 어안이 벙벙했다. 물론 내가 받은 게 아니라 딸이 받은 거지만. 어쨌든 현실감이 없어 어물쩍대자 남자는 명함을 주면서, 관심이 있으면 연락을 달라고 말하곤 자리를 떠났다. 남자가 사람들 사이로 사라질 때쯤, 아내와 나는 서로의 얼굴을 바라봤다. '이게 뭔 일이래?'라는 표정으로 너무 신기해하면서.

놀이공원에 오면 아이들은 항상 들뜬다. 매번 타는 놀이기구인데도, 마치 처음 타는 것처럼 신기하고 즐거워한다. 하지만 이번엔 상황이 달랐다. 놀이공원보다 낯선 남자의 말이 첫째를 들뜨게 했다. 한창 걸그룹 노래를 틀어 놓고, 열성을 다해 춤을 따라 출 때였다. 그런데 오디션 기회를 잡았으니, 얼마나 기쁘겠는가? 첫째는 이미 걸그룹 멤버가 된 것처럼 신이 나 있었다.

아이를 재우고, 아내와 진지하게 대화를 했다. 연락해서 만나볼지, 아니면 개꿈 꿨다고 생각하고 그냥 잊어버릴지 결정하기 위해서였다. 사실 난 후자 쪽이었다. 그 당시 데뷔를 미끼로 한 사기 사건이 여러 차례 보도되기도 했고, 세상에 공짜는 없다는 평소의 지론 탓이기도 했다. 아내는 방문하는 데 돈이 드는 것도 아닌데, 뭐 어떠냐며 한번 가 보자고 했다. 아내 말도 틀린 말은 아니었다.

"그럼 한번 가 보자. 어떤 곳인지 구경도 할 겸."

전화로 사전 약속을 잡고, 명함에 적힌 주소로 찾아갔다. 강남역 부근에 있는 연기학원이었다. 건물 입구와 복도에는 아역배우들의 사진이 쭉 걸려있는데, 군데군데 아이돌 가수의 사진도 보였다. 안내 데스크에서 면담요청서를 적고 대기실에서 잠시 기다리자, 한 직원이 우리 가족을 사무실로 안내했다. 놀이공원에서 봤던 사람이 거기 앉아 있었다. 실장이라고 했다. 우리를 알아봤는지 반갑게 인사하고, 기본적인 학원 소개를 했다. 그리고 카메라 테스트를 해 보자며 우릴 스튜디오로 데려갔다. 카메라 앞에 아이를 세우고, 하고 싶은 대로 포즈를 취해 보라고 했다. 긴장한 탓인지 첫째의 표정은 어색했지만, 그래도 최선을 다해 이리저리 포즈를 취했다. 그렇게 첫째가 사진 찍는 것을 지켜보다, 둘째를 봤는데 뭔가 뾰로통한 얼굴이었다.

왜 그런가 생각해 보니, 어렵지 않게 그 이유를 짐작할 수 있었다. 간단히 말해 샘이 났던 거다. 언니는 환한 조명 아래서 예쁜 표정으로 사진을 찍고 있는데, 자기는 그걸 보고만 있으려니 질투가 날 수밖에. 미안하지만 몇 장만이라도 좋으니, 둘째도 사진을 찍을 수 있겠냐고 정중히 부탁했다. 흔쾌히 부탁을 들어줘서 둘째도 사진을 찍었다. 표정은 둘째가 더 자연스러웠다. 진짜 아역배우 같다는 생각이 들 정도로 잘했다. 실장이란 사람도 첫째보다 둘째가 더 끼가 있다며, 칭찬을 아끼지 않았다.

견물생심이란 말이 이런 경우에도 통할 줄이야! 그냥 구경만 하자는 생각으로 왔는데, 나름 업계 관계자의 칭찬을 듣자 욕심이 나기 시작했다. 우리 딸이 진짜 배우 기질이 있나 싶고.

기분 좋게 사진 촬영을 마치고, 다시 상담에 들어갔다. 아까는 건성으로 듣던 설명을 한 자라도 놓칠세라 집중해서 들었다. 실장이 말하길, 길거리에서 배우나 아이돌을 할 만한 아이다 싶으면 바로 캐스팅을 한다고 했다. 하지만 아직 검증되지 않았기 때문에 반드시 훈련이 필요하고, 훈련에 필요한 모든 비용은 학원에서 부담한다고 했다. 이런저런 긴 설명 끝에, 그래도 소정의 비용이 발생하는 부분이 있다며, 대략적인 금액을 얘기했다. 그리 큰돈은 아니었다. 하지만 쉽게 오케이 할 수 있는 금액도 아니었다. 당시 우리 형편상 부담스러운 건 사실이었으니까.

마음에 걸리는 건 경제적 이유만이 아니었다. 돈 문제 말고도 제안을 거절할 수밖에 없는 결정적 이유가 있었으니, 바로 보호자 한 명이 매일 아이를 데리고 다녀야 한다는 것이었다. 큰딸 옆에 딱 붙어서 일정을 같이 소화해야 한다는 말은, 뒤집어 말하면 다른 아이는 그냥 방치해야 한다는 말과 같았다. 적어도 우리 상황으로는 그랬다.

둘째도 있고, 곧 태어날 셋째도 있는데, 많은 시간과 돈 그리고 열정을 첫째에게 쏟아부어야 한다는 말을 용납하기 어려웠다.

"저희는 아무래도 안 될 것 같습니다."

거절의 말을 들은 실장은 아쉬워서인지 아니면 설득의 여지가 있다고 판단했는지는 몰라도, 우리 부부를 대표실로 데려갔다. 아이는 학원 선생님이 잠시 돌봐주기로 했다.

대표는 지금 한창 활동하고 있는 아역배우의 이름을 언급하면서 이런저런 얘기를 늘어놓았다. 자신의 스타 육성 노하우와 인맥을 과시하면서. 그래도 아내와 내가 별다른 반응이 없자, 나중엔 이렇게 말했다.

"왜 이런 기회를 놓치려고 하죠? 남들은 하고 싶어도 못 하는 건데. 이해할 수가 없네!"

대표의 말투에서는 남들은 못 해서 안달인데 너희는 뭐가 그리 잘나서, 이런 제안을 거절하느냐는 듯한 짜증이 담겨 있었다.

대표실에서 나와 아이들을 데리러 갔는데, 어찌나 신나게 놀고 있었는지, 두 아이 모두 볼이 벌겋게 달아올라 있었다. 집에 가자고 말하면서 아이들을 재촉하는데, 첫째가 큰 소리로 말했다.

"아빠! 나 여기 다니고 싶어요!"

아이를 학원에 보낼 여력이 됐다면, 분명 보냈을 거다. 돈 문제만 마음에 걸렸다면, 무리를 해서라도 아이의 바람대로 해줬을지도 모른다. 그러나 이건 다른 차원의 문제가 얽혀있었다. 만약 아내가 큰애한테만 올인한다면? 둘째와 곧 태어날 막내는 어찌될까? 모르긴 몰라도 먹지 못하는 포도를 쳐다보는 여우처럼, 엄마를 물끄러미 바라만 봐야 하는 처지가 될 게 뻔했다. 그건 나도 아내도 허용할 수 없는 부분이었다.

아이를 키우다 보면, 누구나 하는 착각이 있다.

'혹시 우리 애 천재 아니야?' 하는 즐거운 착각. 영재 테스트를 받으러 오는 부모들도 그런 생각으로 찾아오지만, 막상 테스트를 받아보면 일반적인 지능을 가지고 있는 아이들이 대부분이라고 한다. 하다못해 길거리에서 받은 수

학 테스트에서 재능이 있다는 말을 들으면, 이미 수학올림피아드에서 수상한 것처럼 부산을 떤다. 왜 그럴까? 그만큼 내가 낳은 내 새끼를 객관적인 눈으로 바라보기 어렵기 때문이다.

물론 내 아이가 돋보이는 역량을 보인다면 축복받을 일이다. 하지만 아이가 지닌 재능 여부와 상관없이 주변 사람들의 말의 휩쓸려 아이의 미래를 부모의 마음대로 안배하거나 무리한 배움을 강요한다면? 절대 안 될 말이다.

아울러 내 아이를 객관적인 눈으로 바라보는 것만큼이나 중요한 것이 또 하나 있으니, 싹수가 보인다고 해서 한 아이에게 올인하지 않는 것이다. 아무리 될 성싶은 나무라고, 다른 나무는 내팽개치고 그 나무만 애지중지하면 어찌 되겠는가? 한 나무는 크고 멋지게 자랄지 몰라도, 다른 나무는 비실비실 볼품없이 자랄 것이다. 정원사라면, 자기가 맡은 정원에 있는 나무들을 두루 돌볼 의무가 있다. 부모도 그렇다. 가진 재능의 크기와 상관없이, 아이들을 공평하게 돌볼 책임이 있다.

좋은 친구 먼저 되기

"엄마가 좋은 친구 사귀라고 했어, 안 했어? 어?"
"쟤도 좋은 친구야."
"뭐? 몇 등 하는데?"
"아니, 공부 말고."
"그럼 뭐? 머리 꼬락서니도 저런데 뭐가 좋은 친구야!"

길을 건너기 위해 신호를 기다리다 어느 모녀가 나누는 대화를 들었다. 처음 듣는 얘기는 아니었다. 초중고 학교가 밀집된 지역이라서 그런지 이런 종류의 대화를 심심치 않게 듣는 편이다.

아이를 걱정하지 않는 부모가 어디 있으랴. 자식이 잘

됐으면 하는 바람은 어느 부모나 마찬가지다. 그런 마음에서 하는 애정 섞인 잔소리를 통계 내보면, 열심히 공부하라는 말을 제외하곤, 이 말이 제일 많을 것이다.

"좋은 친구를 사귀어야 한다."

나도 어렸을 때부터 배우자는 물론이고, 학교나 사회에서도 좋은 사람을 만나야 한다는 말을 귀에 못이 박히도록 들었다. 나쁜 사람은 가까이하지도 말라는 충고는 기본 옵션이었다. 그러나 이 말을 들을 때마다 들었던 의문이 하나 있었으니, '좋은 사람과 나쁜 사람을 어떻게 구분할까?' 하는 문제였다. 뉴스에 나오는 범법자처럼 사회에 해를 끼친 사람은 나쁜 사람이고, 많은 재산을 기부하고 선행을 베푼 사람은 좋은 사람일까? 일반적으론 맞다. 그렇지만 피부엔 와닿지 않는다. 실제로 좋은 사람과 나쁜 사람을 구분하는 내 기준은 이보다 훨씬 단순하다. 내게 도움이 되면 좋은 사람이고, 해를 끼치면 나쁜 사람이다.

건널목 앞에서 엄마가 아이에게 '좋은 친구를 사귀라고' 잔소리를 한 건, 엄마의 눈에 아이 친구가 좋은 사람으로 보이지 않았기 때문일 것이다. 꼬락서니를 보아하니 공부는 글러 먹었고, 날라리처럼 보이니 말이다. 그런 애가 우리 아이 옆에 있으면 된다, 안 된다? 절대 안 된다.

만약 엄마의 첫 번째 질문, 몇 등이냐는 질문에 1등이라는 대답을 들었으면, 반응이 달라졌을지도 모르겠다. 공부를 잘한다고 하면, 사람 자체를 다르게 보는 게 우리네 씁쓸한 현실이니까.

나도 우리 애들에게 비슷한 잔소리를 한다. 그런데 살짝 방향이 다르다. 좋은 친구를 사귀라는 말 대신에, 이렇게 말한다.

"네가 좋은 친구가 되어주면 좋겠다."

처음엔 '친구야 알아서 사귀는 거지, 뭐' 하는 생각에, 아이들의 교우 관계까지 배 놔라 감 놔라 할 마음이 전혀 없었다. 하지만 여기저기서 좋은 친구를 사귀어야 한다는 말을 하도 많이 듣다 보니, 이런 생각이 들기 시작했다.

'도대체 좋은 친구가 어떤 사람이야?'

그러다 이런 결론에까지 이르게 된 것이다.

'그냥 우리 딸들이 좋은 친구가 되어주면 끝나는 거 아니야?'

어느 날 학교에서 돌아온 둘째가 이런 말을 했다.

"우리 반에 몸이 불편한 친구가 있는데, 내가 도와줬어요. 선생님도 칭찬해주셨어요. 앞으로도 도와줄 거예요."

두 눈을 빛내며 말하는 아이의 모습이 어찌나 대견하던지! 부모로서 이래라저래라 말은 할 수 있지만, 실제 행동으로 옮기는 건 어디까지나 아이의 몫이 아닌가? 그런데 '좋은 친구가 되어주면 좋겠다'라는 아빠의 조언을 잊지 않고 성실히 이행까지 하다니. 부디 아이가 따뜻한 마음씨를 오랫동안 지켜나가길 바라면서, 나 역시 좋은 사람이 되기 위해 노력하겠다고 다짐했다.

누구나 내 아이가 좋은 친구를 만나길 희망한다. 여러 모로 아이에게 도움이 되는, 그런 친구 말이다. 불행히도 그건 부모가 어찌해줄 수 있는 일이 아니다. 그러나 생각을 조금만 달리하면, 좋은 친구를 사귈 확률은 높일 수 있다. 바로 우리 아이에게, 먼저 좋은 친구가 되라고 말하는 것이다.

좋은 친구를 바라지만 말고, 우리 아이가 다른 사람에게 좋은 친구가 될 수 있도록 도와주면 된다. 아이한테도 좋은 친구를 만나라는 말보다 좋은 친구가 되라는 말이 더 와닿지 않을까?

내 아이가 먼저 좋은 친구가 되겠노라 마음먹었다면, 반은 성공한 거나 다름없다. 따뜻한 마음을 가진 아이 주위에는, 따뜻한 마음을 가진 아이들이 모이기 마련이니까. 만약 차가운 마음을 가진 친구가 있다면? 따뜻한 마음으로 품어주면 그만이다. 그럼 그 친구도 따뜻한 마음을 가진 사람으로 변할 것이다. 이 또한 보람된 일이 아닌가.

행동의 이유

옛이야기를 하나 들려줄까 한다.

한마을에 효자와 불효자가 살고 있었다. 불효자를 둔 아버지는 울화통이 터지는 나날을 보내다, 같은 동네에 효자가 있다는 소문을 듣게 된다. "옳거니!" 효자의 모습을 보면 조금은 나아질 것이라는 기대를 품고, 자기 아들을 효자네 집으로 보냈다. 잘 보고 배우고 오라고. 불효자는 효자네 집에 가서 그가 하는 행동을 유심히 지켜봤다.

저녁 밥상이 나오자, 효자는 아버지가 숟가락을 들기도 전에 상에 놓인 음식을 하나씩 먹기 시작했다. 그 모습을 바라보는 아버지는 흐뭇한 미소를 지었다. 밤이 돼서 이부자리를 폈는데, 이번에도 효자가 먼저 이불 속으로 들어가는 것이 아닌가? 아버지는 또 흐뭇한 미소를 지을 뿐이었다. 불효자는 이 모습을 보고, '어라? 효자 되는 거, 별거 없네?'라고 생각하며 집으로 돌아갔다.

집으로 돌아온 불효자는 자신이 본 그대로 행동했다. 저녁 밥상이 나오자, 음식을 집어먹기 시작했다. 그의 아버지가 숟가락을 들기 전에 말이다. 그런 불효자의 모습을 본 아버지는 "어허! 어찌 너는 어른이 먼저 숟가락을 들기도 전에 음식을 먹느냐!" 하고 말하며 역정을 냈다. 불효자는 이상하다고 생각하며 고개를 갸우뚱했다. 효자 아버지의 반응과는 전혀 달랐기 때문이다. 잠 잘 시간이 되어 불효자네 집에도 이부자리가 깔렸다. 아버지가 이불로 들어가려고 하는데, 불효자가 먼저 잽싸게 이불 속으로 들어갔다. 이 모습을 본 아버지는 다시 노발대발하면서 물었다. "넌 도대체, 효자네 집에 가서 무엇을 배워온 것이냐?" 불효자는 억울한 표정을 지으며 아버지에게 되물었다. "효자가 한 행동을 그대로 한 것인데, 왜 아버지께서는 역정을 내시는 겁니까?"

효자와 불효자가 한 행동은 같다. 그러나 한 아버지는

흐뭇해하고, 한 아버지는 노발대발한다. 그 이유가 뭘까? '행동만' 같았기 때문이다. 불효자의 행동에는, 왜 그런지에 대한 이유가 없었다. 단순히 효자의 행동을 본 대로 따라 했을 뿐이다. 그러나 효자의 행동에는 아버지를 공경하고 사랑하는 마음이 깔려 있었다.

효자가 먼저 음식을 먹은 이유는, 혹시라도 상한 음식이 있을까 확인하기 위해서였다. 건강이 좋지 않은 아버지가 상한 음식을 드시고 병에 걸릴까 노심초사했기 때문이다. 이불에 먼저 들어간 이유도 자신의 체온으로 이불을 따뜻하게 데워 놓기 위함이었다.

이러한 전후 맥락 없이, 단지 행동만 보면 효자의 행동은 절대 해서는 안 되는 행동이다. 호랑이 담배 피우던 시절이라면, 더더욱 그렇다. 하지만 그렇게 행동한 데에는 아버지에 대한 깊은 사랑이 있었다. 효자의 아버지가 흐뭇한 미소를 지었던 건, 그런 아들의 마음을 잘 알고 있었기 때문이다. 겉으로 보이는 행동이 중요한 건 사실이지만, 그보다 더 중요한 건 행동의 본질적인 이유다. 본질적인 이유가 반영되지 않은 행동은 오히려 독이 될 수 있다. 불효자가 불호령을 받은 것처럼 말이다.

그런데 이대로 불효자만 나쁜 놈을 만들고 끝내기에는 뭔가 좀 찜찜하다. 이 이야기를 불효자의 관점에서 다시 생각해 보자. 불효자는 아버지가 시키는 대로 효자네 집에 갔다. 그리고 효자가 하는 행동을 잘 배워 와서 그대로 따라 했다. 액면 그대로 받아들이면, 이런 효자가 없다. 아버지 말을 아주 잘 따르니까.

그래서일까? 이 이야기를 들었을 때, 난 불효자가 참 안타깝다는 생각이 들었다. 불효자의 아버지가 아들의 행동만 보고 버럭 화를 낼 것이 아니라, 왜 그렇게 행동하는지 이유를 물어봤다면 어땠을까? 그러면 어떻게든 좋은 모습을 보이고 싶어 한, 아들의 마음을 조금이나마 알 수 있지 않았을까?

아이들은 간혹가다 엉뚱하거나 이해할 수 없는 행동을 할 때가 있다. 그럴 때 보통 어떻게 반응하는가? 즉각적으로 주의를 주는 편인가? 아니면 왜 그런 행동을 했는지 그 이유를 묻는 편인가?

여기 엄마를 도와주고 싶은 마음에 설거지하는 아이가 있다. 많이 해보지 않아 익숙하지 않다. 작은 손으로 큰 그릇이나 접시를 쥐기에는 악력이 약하다. 세제 거품으로 범벅이 된 손으로는 더욱 어렵다. 자꾸 미끄러진다. 그릇이 손에서 쏘옥 빠져나가 바닥에 떨어져 산산조각이 난다.

"쨍그랑!"

그 소리에 놀란 엄마가 달려와 아이에게 소리친다.

"왜 시키지도 않은 짓을 해서 이 난리야! 어? 이게 얼마짜린데. 저리 가!"

아이는 양손에 거품을 묻힌 채 눈물을 뚝뚝 흘리며, 화장실로 터벅터벅 걸어간다. 엄마를 도와주고 싶은 마음에 했던 행동인데, 결과적으로 혼만 났다. 아이는 어떤 생각을 할까? '다음부턴 조심해야지!'라고 생각할까, '가만히 있을걸. 도와주려다 괜히 혼만 났어.'라고 생각할까?

아이가 이해되지 않은 행동을 할 때, 왜 그렇게 행동하는지 물어봐야 하는 이유가 여기 있다. 당장은 속이 부글부글 끓어도 마음 가라앉히고, 아이에게 물어봐야 하는 이유는 좋은 마음으로 하는 행동을 지속시키기 위해서다.

좋은 마음으로 하는 행동은 실수가 있거나 결과가 좋지 않더라도, 해야 할 일이라는 생각을 심어줄 필요가 있다.

결과가 좋으면 더없이 좋겠지만, 그렇지 않더라도 좋은 의도에서 출발한 행동이라면 응원해주고 지지해줘야 한다. 그래야 도움을 주고자 한, 제 생각이 틀리지 않음을 확신할 수 있다.

좋은 의도를 가지고 한 행동인데, 결과가 나쁘다고 질책을 받는다면? 다시는 그 누구에게도 손을 내밀지 않는 아이로 자랄 가능성이 크다. 가만있으면 중간이라도 가는데, 괜히 나섰다가 질책을 받으면 자기만 손해라는 생각이 들기 때문이다.

그러니 기억하시라! 우리 아이를 도움이 필요한 상황에서 먼저 손 내미는 아이로 키울 것인가, 그렇지 않은 아이로 키울 것인가는 여러분 손에 달려 있다.

누를수록 튕겨 올라가는 공

내가 중학교 3학년 때의 일이다.

하굣길에 한 친구가 자기 집에 가서 라면을 끓여 먹자고 했다. 집에 아무도 없다면서. 나와 다른 친구는 출출하던 차에 잘 됐다며 그 친구네 집으로 갔다.

라면 국물에 밥까지 말아 먹고, 배가 불러 방바닥에 누워있는데, 갑자기 집주인 친구가 다른 친구에게 무언의 사인을 보냈다. 그러더니 한 명은 창문을 열고, 다른 한 명을 가방에서 담배를 꺼냈다. 그 순간 몹시 당황했지만, 애써 침착한 모습을 보였다. 담배를 꺼낸 친구가 물었다.

"너도 피울래?"

작은방에 모인 세 친구. 그중에 담배를 피우는 사람이 두 명. 이런 상황이라면 보통 "그래 줘봐!"라고 말할 것이다. 특히 그 나이대 학생이라면. 친구들과 어울리려면 어쩔 수 없다고 자신에게 변명하면서. 그러나…

"난 됐어!"

난 거절했다. 내가 거절한 이유는, 담배를 피워보고 싶은 마음도 없었거니와, 무엇보다 나를 믿어주는 부모님의 얼굴이 떠올랐기 때문이었다.

담배를 피우면 부모님 마음이 어떠실까 생각하니, 쉽게 거절할 수 있었다. 그런 나를 잘 아는 친구도 더는 권하지 않았다. 만약 내가 부모님의 지나친 간섭과 통제 속에 자라왔다면, 반항하고 싶은 마음에 친구가 내미는 담배를 받았을지도 모르겠다.

세 딸을 키우면서 내가 가장 고민했던 것도, 바로 이 문제였다. '자율'과 '통제', 이 중에 어느 쪽에 더 무게를 둬야 할지 결정하기 어려웠기 때문이다. 자율성을 부여하자니 아이가 자기 마음대로 행동할 것 같아 불안했고, 통제 쪽에 무게를 두자니 여러 가지 부작용이 걱정이었다. 그렇다고 상황에 따라 이랬다저랬다 할 수도 없는 노릇. 그렇게 되면 나는 물론이고, 아이도 혼란스러울 게 뻔했다.

복잡할 땐 기본으로 돌아가서 생각하는 게 가장 좋은 법이라 했던가? 이 만고의 진리에 따라 가장 기본적인 질문을 나 자신에게 던져 보았다.

'자율과 통제, 어느 조건 아래서 더 건강하게 자랄까?'

고민했던 시간이 허무하리만치 답은 금방 나왔다.

어른들, 특히 부모들은 아이들이 미성숙한 존재이기 때문에 자제력이 없다고 생각한다. 스스로 통제를 못 하니까, 부모가 통제해야 한다고 믿는다. 맞는 말이다. 과도한 통제가 나쁜 거지, 적당한 통제는 아이에게 꼭 필요하다. 문제는 대부분의 부모가 아이를 통제하고 있다는 사실을 인지하지 못한다는 데 있다. 아이를 사랑해서, 다 잘 되라고 하는 마음에서 출발하다 보니, 지나쳐도 그러려니 하고 넘어가기 쉽다. 하지만 그래서는 안 된다. 과도한 통제와 간섭은 여러 가지 부작용을 불러오기 때문이다. 스스로 생각하고 판단하는 힘이 자라는 것을 방해하고, 아이의 자존감을 떨어트리고, 부모에 대한 반발심을 키운다.

최소한의 통제 아래 자율성을 부여받은 아이는 자신이 잘못했다고 느낄 때, 스스로 반성하고 뉘우친다. 자신을 믿어주는 부모님에 대한 미안한 마음이 올라오기 때문이다. 그러나 과도한 통제 아래 자란 아이는 잘못을 했어도 그 순간만 반성할 뿐, 곧 어쩔 수 없는 일이었다며 자기 자신에게 면죄부를 준다. 그리고 혼나는 것으로, 잘못에 대한 대가를 치렀다고 여긴다. 이것 역시 부모의 통제가 낳은 부작용 중의 하나다.

최소한의 통제만 두고 최대한 자율성을 부여하겠다는 원칙을 세우고, 그 원칙대로 아이들을 키우려 노력했다. 그런데 생각지도 못한 복병이 있었으니, 부모가 정한 '최소한'과 아이가 생각하는 '최소한'이 다를 때가 있더라.

첫째가 사춘기에 진입했을 즈음, 엄마와 사사건건 부딪치는 일이 있었다. 주로 SNS와 화장, 이 두 가지 문제 때문에 촉발되는 싸움이었다. 아내는 다른 건 몰라도 SNS와 화장은 아이 스스로 통제가 불가능하다고 말했다. 시도 때도 없이 핸드폰만 들여다보고 있지 않나, 입술을 벌겋게 칠하고 다니지 않나. 도무지 학생다운 모습을 찾아볼 수 없다고 했다. 그러나 내가 볼 때 아이의 자제력이 아예 없는 건 아니었다. SNS를 오래 하긴 해도, 제 할 일은 알아서 잘하고 있었고, 화장도 또래에 비하면 적게 하는 편이었으니까. 이건 서로가 생각하는 '최소한'의 간극이 줄어들어야 해결되는 문제였다. 결국 각자가 한 걸음씩 물러서는 선에서 적정선을 조율하기로 했다.

새로 합의한 원칙은 이렇다. 밤 10시가 되면 핸드폰 반납하기, 가족끼리 식사하거나 길거리를 걸을 땐 핸드폰 하지 않기. 이런 기본 원칙만 정하고 나머지는 첫째의 재량에 맡기기로 했다. 처음엔 고작 몇 분의 시간 차이로 옥신각신했지만, 시간이 지나면서 자연스럽게 정리되었다. 화장은 비비크림과 립글로스를 바르는 것까지만 하기로 약속했다. 뭐, 솜씨가 좋아서 조금씩 티 안 나게 늘려가긴 했지만.

아이러니한 건, 첫째에겐 여러 번의 반려 끝에 중학교 3학년이 되어서야 겨우 허용된 화장이 둘째의 경우 중학생이 되자마자 바로 허용됐다는 사실이다. 거기다 한술 더 떠 아내는, 첫째에게 그래도 네가 손기술이 있으니 둘째 화장 좀 봐주라는 말을 보태기까지 했으니.

"뭐예요. 나는 3학년이 돼서야 겨우 했는데 얘는 1학년

인데 왜 하게 해요?"

첫째가 불만을 터트릴 만도 하지, 뭐.

첫째 때는 어떻게든 FM 모드로 키우려고 갖은 노력을 했다. 그러다 시간이 지나면서 굳이 그럴 필요가 없다는 걸 알게 됐다. 몇 번의 전쟁을 치르고 나서야 쓸데없는 신경전에 체력만 소모된다는 걸 깨달았기 때문이다. 그 쓰린 경험 덕분에 둘째 때는 좀 더 초연하게 대처할 수 있었다. 셋째 때는 더더욱 그렇고.

혹시 수영장에서 탱탱볼을 가지고 놀다, 호기심에 탱탱볼을 물속에 밀어 넣어 본 적이 있는가? 아무리 세게 힘을 주어 공을 밀어도, 생각보다 깊이 들어가지 않는다. 그러다 공에서 손을 떼는 순간 공은 물 밖으로 솟구쳐 오른다. 밀어 넣은 깊이보다 배는 더 높이 튀어 오른다. 간섭과 통제도 마찬가지다. 물체를 누르는 힘이 클수록 반발력이 커지듯이, 간섭과 통제가 과도할수록 부모에 대한 반항심과 반발심도 점점 커지게 된다.

언제까지 품 안의 자식으로 키울 수는 없다. 머지않은 미래에 아이 스스로 생각하고 판단해야 하는 시기가 온다.

부모의 통제 아래 살아온 아이가 그때가 왔다고 하루아침에 주체적으로 행동할 수 있을까? 당연히 아니다.

대개 아직은 미숙한 아이가 잘못 선택하지 않을까, 제멋대로 행동하지 않을까 하는 염려에서 아이에게 선택권을 주는 것을 주저한다. 그러나 아이들은 어른의 생각보다 스스로 해야 할 일과, 하지 말아야 할 일을 잘 구분 짓는다. 그러니 아이를 믿고 지지해주면 된다.

단, 여기에는 반드시 동반되어야 하는 조건이 있다. 바로 지속적인 대화이다. 자율성만 부여하고 지속적인 대화, 즉 후속 조치를 하지 않는다면, 아이를 방치하는 것과 다름없다. 지속적인 대화를 통해 아이에게 자율성을 부여한 의도를 일깨워주면서, 자율성에 따라오는 책임감의 무게를 알려준다면, 아이는 부모가 믿는 만큼 성장할 것이다.

딸에겐 아빠가 필요한 순간이 있다
공감과 소통에 서툰 아빠들을 위하여

글쓴이 김영태
펴낸이 곽미순 | **편집** 박미화 | **디자인** 이순영

펴낸곳 ㈜도서출판 한울림 | **기획** 이미혜
편집 윤도경 윤소라 이은파 박미화 김주연
디자인 김민서 이순영 | **마케팅** 공태훈 윤재영 | **경영지원** 김영석
출판등록 1980년 2월 14일(제2021-000318호)
주소 서울특별시 마포구 희우정로16길 21

대표전화 02-2635-1400 | **팩스** 02-2635-1415
홈페이지 www.inbumo.com | **블로그** blog.naver.com/hanulimkids
페이스북 www.facebook.com/hanulim
인스타그램 www.instagram.com/hanulimkids

첫판 1쇄 펴낸날 2022년 2월 22일
ISBN 978-89-5827-139-0 13590

이 책은 저작권법에 따라 보호받는 저작물이므로, 저작자와 출판사 양측의 허락 없이는
이 책의 일부 혹은 전체를 인용하거나 옮겨 실을 수 없습니다.

* 잘못된 책은 바꾸어 드립니다.